逻辑说服力

穆青 著

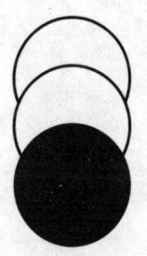

中国华侨出版社
北京

PREFACE

　　说服是沟通的一种方式，而沟通是双向互动的，更多的是一种价值观的交流，对方接不接受你的观点是由其主观意识决定的，而不是你精神上的强行灌输。

　　逻辑学是研究思维形式及其基本规律的科学。其研究目的在于找到思维形式的规律，总结出正确的逻辑思维方式，有助于人们运用语言准确地表达对客观事物的正确认识，达到说服的目的。

　　说服的关键不是说话的内容，而是说话的逻辑，逻辑决定了说服的成败，在这方面占得优势，就等于取得了胜利。说服不是口头上的较量，而是思维上的战争；成功的说服不是口头上的压制，而是心理上的接纳；说服的逻辑不是侃侃而谈，而是知道如何赢得他人的好感。人生在世，要取得成功就需要不断地说服别人。学会用逻辑说服他人，才能影响他人的行为。增强自己的说服力，就能为自己赢得机遇、赢得信任。

当然，要想说服他人听从自己的意见或观点并不是一件易事，要想对方心悦诚服地接受你的意识灌输，则离不开说服的艺术和技巧。在一切技巧中，逻辑清晰，摸透对方心理实为重中之重。在说服对方的过程中，话不一定要多，但须说到对方的心坎里，满足需求，这样就可以解决问题，获得你想要的结果。

对于很多人而言，无论是朋友沟通、生活交流，还是公司管理、企业洽谈，具备有效的说服能力是幸福指数提升和事业发展的重要因素。但更多时候，人们在说服时惯用的方式是急着把自己脑子里的东西一股脑地倾倒给对方，没有科学地融合信息，沟通的双方都没有办法使对方信服。这也是为什么在现实生活中会有那么多的无效沟通。

与人沟通时，掌握了适宜的逻辑沟通方法，既可以提高工作效率还可以提高个人沟通水平，一举两得。本书从实用性的角度出发，通过具体的事例，再融入逻辑理论的相关知识，将说服术娓娓道来。希望读此书之人在日常与他人交流的过程中能灵活运用书中传授的方法，不断积累实战经验，形成自己的语言逻辑思维方式，将自己的真知灼见用众人能够理解的方式表达出来，成为实至名归的说服高手。

CONTENTS

第一章 逻辑说服：怎样有技巧地说服他人
说服就是彼此逻辑的博弈…………………………………… 2
设计逻辑性，说服有力量…………………………………… 6
强化表达逻辑，提高说服成功率…………………………… 9
想钓到鱼，就要像鱼一样思考……………………………… 12
说话需自律，巧妙避开敏感话题…………………………… 16
精准表达，长话短说………………………………………… 19
失言后先检讨，转移对方的关注点………………………… 23

第二章 8项技能打造超级说服力
自信力："实力"就是隐秘说服力…………………………… 28
信任力：快速突破他人心理防线…………………………… 31
亲和力：制造融洽的谈话氛围……………………………… 33

吸引力："吸引"比"恐吓"更具说服力……………37
高情商：避免哪怕一秒的情绪对抗……………………40
领悟力：懂对方的逻辑，话才能说到点上…………43
感染力：像乔布斯一样撩起对方的欲望………………47
引导力：让对方一步一步说"是"……………………50

第三章　说服高手骨子里都是逻辑大师
引经据典，让说服更有穿透力………………………54
最强的逻辑说服是摆事实……………………………58
利益决定立场，立场就是人的逻辑…………………61
有理有据，多角度论证增强说服力…………………63
找准突破点，一句话就能说服………………………67
制造权威，逻辑力就是影响力………………………71
获取认同感，轻松提请求……………………………73

第四章　逻辑方法对路，说服效果显著
采用迂回策略，说服也需要"绕圈子"………………77
环环相扣，设计逻辑线把理说透……………………80
言语引导，牵着对方的思维走………………………84
铺垫语境，逻辑严密无懈可击………………………87

层层细化，从逻辑思维到逻辑说服……………………90
制造悬念，完成从 NO 到 YES 的心理征服……………94
把握时间逻辑，抓住说服时机……………………………95

第五章　高效的逻辑说服术，左右对方的思考和行动
脑袋里斗智，嘴巴上斗技………………………………100
点到即止，让说服产生更大影响力……………………104
"爱听好话"是天性，"具体夸奖"效用大………………107
从对方感兴趣的话题入手………………………………110
满足对方的虚荣心………………………………………113
每个人都喜欢聊自己，那就让他说个够………………117
制造余韵无穷的谈话，让对话有效进行………………120

第六章　刚柔并济，高效能说话高情商做人
给他人制造压力，然后再赶走压力……………………125
边说服边让步的"馅饼博弈"……………………………128
"最后通牒"，扭转局势只需 15 秒………………………130
在对比中制造势能差，让他不得不服…………………133
刚柔相济，增强说服中的沟通控制力…………………135
以情说理，获得高度认同………………………………138

让对方主动送上答案……………………………………141

第七章　先听后说，跳出对方的逻辑圈
　　学会倾听，破解套路抓重点………………………………145
　　顺着对方的思路，说自己的理……………………………149
　　适时"搭腔附和"，与对方形成互动………………………153
　　让出谈话主动权，摸清对方的思维………………………156
　　倾听不抢话，为开口说服做足准备………………………158
　　幽默回应，活络气氛最好用………………………………160
　　适当制造沉默，掌控说话节奏……………………………161
　　主动倾听，保持良好的沟通态度…………………………165

第八章　渗透潜意识，张嘴就能赢
　　与对方的思维保持同一频道………………………………169
　　说服人，不仅用"嘴"还要走"心"………………………170
　　用互惠原理打动对方………………………………………173
　　巧用同情心，3分钟搞定对方……………………………176
　　先说一句"我错了"，跳开对错话题的"循环论证"……177
　　巧用"进门槛"效应：先提小要求再提大要求…………180
　　配合对方的精神状态，沟通效率倍增……………………182

第一章 逻辑说服：怎样有技巧地说服他人

说服就是彼此逻辑的博弈

说服别人靠的是脑袋而非仅靠口才,在劝人时不可直来直去、正面交锋,直白的语言只会招人反感和讨厌。

大多数人认为,说服别人肯定要靠好口才。其实仅有好口才还不能完全达到目的,有个聪明的大脑才是说服的根本。假如空有好口才而不知用智慧来支配口才,把握说话的分寸,好口才也可能成为毁灭你前程的罪魁。所以,在与他人相处时,不要逞一时之快,说话不可直来直去,招人反感。

历史上有个楚襄王,他整日不务正业,不思进取,只顾个人享乐,不理朝政,而且听信奸臣的谗言,结果一而再、再而三地被秦国攻城略地,江山社稷岌岌可危。

尽管如此,软弱的楚襄王依然不打算奋起反抗,而是一味地妥协退让,满怀希望地期待秦国人良心发现,适可而止。

楚襄王的这种做法,让很多关心国家安危的忠贞大臣们十分着急,大臣们纷纷进谏,但楚襄王一个也听不进去。有的大臣甚至屡次进谏都没能获得成功,反而遭到楚襄王的无理呵斥,说他们多言滋事，危言耸听。

朝中有一位足智多谋的大臣，名叫庄辛。庄辛见楚襄王不顾国家的日渐衰亡，他看在眼里，急在心上，又见众人劝说无效，决定亲自去找楚襄王。

这天，庄辛看楚襄王正在花园赏花，就走了过来。楚襄王见庄辛来到自己身边，知道又是来劝谏的。楚襄王打定主意，无论庄辛说什么，自己都不听。所以等庄辛来到他身旁时，他瞄了庄辛一眼，一言不发。

庄辛明白，自己若是直接劝谏，肯定会与其他大臣一样无功而返，楚襄王是听不进去的，只有另辟蹊径，才能进谏成功。

这时，恰有一只蜻蜓飞来，庄辛马上找到话题说："大王，您看见那只蜻蜓了吗？"

楚襄王一听，感到有些意外，他不直接劝说却说蜻蜓，便说："看见了，有什么特别吗？"

庄辛继续说："瞧瞧，它活得多舒服呀！吃了蚊子，喝了露水，停在树枝上休息，自以为与世无争，世人不会对它怎样，但它哪里知道，树下正有个小孩拿了黏竿等着它呢！顷刻之间，它就会坠于地下，被蚂蚁所食。"

楚襄王听了，面露凄然之色。

庄辛又说："您看到那只黄雀了吧？它跳跃在树枝上，吃野果，喝溪水，自以为与世无争，世人不会对它怎样，但它哪里知道，树下正有个童子，拿着弹弓对准了它。顷刻之间，它就会坠下树来，落在童子手中。"

楚襄王听了，开始面露惧色。

庄辛又说："且不说这些小东西了，再说那鸿鹄吧！它展大翅，渡江海，过大沼，凌清风，追白云，自以为与世无争，乐得逍遥自在，世人不会对它怎样，但它哪里知道，下边正有个射手搭弓搭箭，已瞄准了它。顷刻之间，它就要坠下来，成为人间美味呢！"

楚襄王听了，惊起了一身鸡皮疙瘩。

庄辛又说："禽鸟的事不足论，再说一下蔡灵侯吧。蔡灵侯左手抱姬，右手挽妾，南游高陂，北游巫山，自以为与世无争，别人不会对他怎样，哪知子揽已奉了楚宣王的命令，前去征讨他而夺其地了。顷刻之间，蔡灵侯死无葬身之地。"

楚襄王听了，吓得手脚抖动起来。

庄辛又说："蔡灵侯的事远了，咱说眼前吧。大王您左有州侯，右有夏侯，群小包围，日夜欢娱，自以为与别人无争，会得到别人的容忍，哪知秦国的穰侯已得了秦王之令，正率重兵向我国进发呢！"

听了庄辛的这些陈述，楚襄王的脸色一点点变白，浑身发抖，他决心痛改前非，重振国威。庄辛忠心可嘉，楚襄王为此奖赏了他；庄辛又因劝君有方，被加封为阳陵君。自此，楚襄王励精图治，与秦人一争高下。

由此看来，在说服他人时，如果采取迂回的方法，既可以让他人明白自己的错误与过失，又能够使他欣然接受、乐于改正。庄辛要说的话和其他臣子一样,都是要劝楚襄王振作起来,但别人的话楚襄王听不进去,庄辛的话却让楚襄王吓得全身发抖。为什么呢?

只因为庄辛在说服中拐了一个弯儿,采用了迂回战术。他抓住了两个关键点,一是把国家的生死和楚襄王的生死连在一起;二是用画面和实例来吓楚襄王,让楚襄王听了这些话就想到具体画面。当他想到其他人如蔡灵侯的真实下场时,自然就会想到自己的下场。

说服他人靠的是头脑而不是口才,所以在劝人时不可直来直去、正面交锋,直白的语言很可能会招人反感,而采取迂回的战术,让他人自觉明白自己的过错,才能出奇制胜。

在生活中,随时可能遇到要说服别人的情况,如果不掌握技巧,仅凭好的口才难以达到理想效果,要想更好地达到说服的目的,就要靠脑袋来支配口才,具体从以下几点做起:

1. 从细节了解别人的意见和看法

要想说服别人,首先要清楚别人的意见,知道他们的想法,才能采取有效的语言进行说服。了解得越多,言语的说服力就越强。

想提高自己说服的效果,就要想办法接近对方,关心对方,注意他们的日常表现,研究分析对方的行为动机和心理活动。

2. 用内涵提升说服力

在与人争辩强调自己的观点时,要表现出风度,注意适可而止。即使你的观点很正确,也切忌把对方"赶尽杀绝",让他在众人面前颜面扫地。给别人留足面子,自然就在别人的心里种下了感激和信服。

总而言之，说服他人不是强硬地把自己的观点塞进别人的脑袋里，也不是仅仅靠口吐莲花就能达到。而是要动用智慧，采用各种合理的方法和语言表达在人群里树立良好的声誉和信服力。

设计逻辑性，说服有力量

心直口快常会无意中给别人带来伤害。因此，心直口快固然可嘉，但这不能成为在给别人造成伤害后推卸责任的理由。我们本可以把语言说得更委婉一些，让人听着更舒服，更易于接受。

在人际交往中，有的人虽然态度谦恭，却由于不注意语言表达的委婉、平和，常常在不经意间冒犯了他人。在一定程度上，言语冒犯带来的恶劣后果要大于"盛气凌人"。言语冒犯有轻有重。轻者，惹人不高兴；重者，则可能伤及别人的面子、自尊，让人产生报复的心理。

喜欢直言直语的人说话时常常只看到现象或问题，也常常只顾自己的"不吐不快"，而很少考虑旁人的立场、观念以及心理感受。当然他的话有可能鞭辟入里，直指问题的核心，逼得当事人不得不启动自卫系统；若别人启动了自卫系统后仍招架不住，恐怕就会对他怀恨在心了。于是他的人际关系就会出现障碍。

杨先生是个心直口快的人。有一次，他和办公室的同事在保龄球馆打球。对方是初学者，球艺自然不行。出于好心，杨先生便充当起对方的教练来。可杨先生本身并不是一个有耐心的人，在打球过程中，他一会儿说同事的手"真臭"，一会儿又说"你这人看起来挺精明的，怎么学打球这么笨。脑子是不是进水了"。同事气得不客气地说："你说话可不可以委婉点？""怎么委婉，你笨就笨嘛，还不让人说了。真是的。"就这样，同事气得转身走了。杨先生本是好心教别人打球，却使两个人弄得十分不愉快。

由此可见，在与人沟通时，一定要注意语言委婉，忌直来直去，更不可恶语冒犯，致人不快和痛苦。有人说："眼睛可以容纳一个美丽的世界，而嘴巴则能描绘一个精彩的世界。"委婉的语言常常可以平息矛盾与纠纷，化干戈为玉帛。

在南朝时，齐高帝曾与当时的书法家王僧虔一起研习书法。有一次，高帝突然问王僧虔说："你和我谁的字更好？"

这问题比较难回答，说高帝的字比自己的好，是违心之言；说高帝的字不如自己，又会使高帝的面子挂不住，弄不好还会将君臣之间的关系弄得很糟糕。王僧虔的回答很巧妙："我的字臣中最好，您的字君中最好。"

皇帝就那么几个，而臣子却不计其数，王僧虔的言外之意是很清楚。高帝领悟了其言外之意，哈哈一笑，也就作罢，不再提这事了。

这个故事告诉我们：在许多场合，有一些话不好直说也无法明说时，最好采取旁敲侧击绕道迂回的方式表达。说话宜曲不宜直，已经是不成文的社交规则。因为与人沟通时，说话隐晦一点既能给自己留更多余地，也能避免直接冲突。因此，喜欢直言直语的人应注意自己的说话方式。

1. 对他人的弱点点到为止

如果你发现了别人的弱点，千万不可揪住不放，不要直言指出他人处事的不当或纠正他人性格上的弱点。虽然你是善意的，但有的人却会认为你这是在和他过意不去。

每个人内心都有一个很脆弱的"自我"，你的直言直语恰好击破了他的堡垒，他当然会不高兴，所以你的直言直语也不会产生多少效用。因此，能不讲就不要讲，要讲就委婉地讲，点到为止，不要大张旗鼓。

2. 少批评他人做的不当之事

尽可能少地去批评事情的不当，事是人做出来的，因此批评"事"也就批评了人，所谓"对事不对人"，这只是"障耳法"。直言直语只会给自己惹来麻烦。

如果你想让自己拥有良好的人际关系，就应在与人交往中多观察、揣摩对方的神态、语气，明白对方的"潜台词"，甚至是"口是心非"的表达。如果有些话不得不说，就要换个方式说。因为同样的内容，用委婉的语言表达往往比直言更易于让人接受。否则你说出的话将很可能产生反作用，招致对方的不满和厌烦。

强化表达逻辑，提高说服成功率

交谈时，若是选择使用消极的字眼，就会让人自暴自弃。反之，选择使用积极的字眼，能够振奋人心。

说话就是一把双刃剑，与他人交谈时，若是你说对了话，就能使人欢笑、排除心病，给人希望；若是说错了话，就会使人难过、伤心、令人绝望。因此，我们在说话时需要精心遣词，恰当用字，这样不仅可以准确地表达自己的意思，而且能够起到感染听者的效果。

西南某地的采购员王强到武汉出差。他走进一家百货商场，看到柜台上摆着的小水壶挺好，想买一个，便高兴地叫道："哇，小媳妇（小水壶），挺漂亮！多少钱一个，我要一个！"

售货员是位20岁出头的姑娘，听他喊"小媳妇"，便认为他心术不正，气得骂了一声"流氓"！

"6毛？"王强想，6毛一个可真便宜，多买几个。于是他说："6毛就6毛，你这儿的'小媳妇'我都要啦！"

这下把姑娘气坏了，姑娘骂他无耻。王强一听，这是什么话，售货员怎么骂人，就说："我要'小媳妇'嘛，你怎么骂起人来了？"结果，双方大吵起来。

有些场合说方言实在不合适，容易给人粗俗之感。说话也要有讲究，什么场合该用普通话、什么场合可以用方言，人们规范使用语言的意识还有待加强，否则就会带来不必要的麻烦。许多人就是因为善于遣词造句、激励人心，才得以开创伟大的事业，留名青史。

有一位美国人曾在演讲中这样说道："当我们今天得以享受到充分的自由时不要忘了《独立宣言》，它是两百多年来所给予我们每个人的保障。同样地，当我们这些年致力于种族平等时，不要忘了那也是因为某些字眼的组合而激发出来的行动所致。没有人会忘记马丁·路德·金博士打动人心的那一次演讲，他说，'我有一个梦想，期望有一天这个国家能真的站立起来，信守它立国的原则和精神'……"的确，用对了字眼不仅能打动人心，还能引导行动。

说话时，要注意选择使用积极性的字眼，能够振奋人心。人类的历史也可以说是由那些具有威慑力的话所组成的，这些话可以调动你的情绪，振奋你的精神，使你有胆量面对一切挑战，让人生过得更有意义。

有一部外国影片叫《风流寡妇》，如若改成《风流遗孀》，就会立刻韵味全无。再如《旧事重提》是鲁迅先生回忆往事的一组散文，后来结集出版时，先生将其更名为《朝花夕拾》，使之立即有了浓重的诗情。试想，在黄昏时分捡起早晨的花朵细看细想，那思绪之联翩，那感慨之万千，不是足以让人细细品味吗？

如果你想让你的声音不仅迷人而且有感染力，那么应该知道以下几个方面：

1. 内涵丰富才能妙语连珠

你若不想说话空洞无物，就应下决心积累丰富的、扎实的知识，武装自己的头脑，让自己说话的内容丰富起来。最好在平时多下功夫，多读书多看报，以积累警句、谚语，积累谈话素材，从而提高自己观察问题、思考问题的能力。

2. 说话要会打比方

在我们的日常说话中，常常需要论述一些道理，这些道理如果配以贴切的比喻，就容易让人理解和接受。运用比喻可以达到化繁为简、生动形象的目的。

需要注意的是，不是任何两个事物都可以随便拿来比喻的，运用比喻这种手法时，本体和喻体之间必须有相似点。本体和喻体必须是性质不同的两类事物。运用比喻时要注意比喻的贴切性、易懂性、巧妙性，以及表意的准确性。

3. 巧用双关，言此意彼

双关的运用具有模仿性、类比性、幽默性，故而在实践中运用这一手法时，要注意以下几个要点：

（1）高雅纯正。在使用这一手法时，要坚持文明表达，以理服人的原则。

（2）隐藏幽默。含而不露，幽默横生，是运用这种手法的基本要求。

（3）沉着冷静。巧妙地把自己的道理寓在其中。

（4）切中要害。我们不仅要善于捕捉对方的隐衷、企图，更要善于发现对方的破绽、矛盾，切中要害，置之于乱处，使之张口结舌，无言以对。同时要充分发挥联想、模拟的作用，加大发挥力度。

4. 巧用俗语更精彩

俗语、谚语、歇后语等语言大都来自社会实践中，是人民群众创造发明的，在讲话时巧妙地运用，能够大大增强语言的感染力，容易被群众理解和接受。俗语是广泛流行的定型的语句，简练形象。恰当地引用俗语，可以增强讲话或演讲中的幽默感和说服力。

与人谈话时，可以适当地引用名人的言论、公认的史料、数据以及广泛流行的成语、俗语等，可以更好地点明主题，佐证观点，使文义含蓄，富有启发性。所以平时要多积累一些约定俗成的语句，这是提高说话水平的一条捷径，同时，要注意恰当地使用。

想钓到鱼，就要像鱼一样思考

在交谈时，如果我们想要达到良好的沟通目的，就一定要了解对方的背景，只有这样才能把话题接下去，才能更好地掌控沟通进程。如果你不了解对方的背景，跟人沟通的时候就会碰到问题。

《孙子兵法》中说："知己知彼，百战不殆；不知彼而知己，一胜一负；不知彼，不知己，每战必殆。"意思是说，在军事行动中，既了解敌人，又了解自己，百战都不会失败；不了解敌人而只了解自己，胜败的可能性各半；既不了解敌人，又不了解自己，那只会每战必败。对于沟通亦是如此，了解自己要进行沟通的目标，同时还要了解沟通的客体，才可能进行有效的沟通。

在进行沟通时，了解对方背景是必需的。正如我们每个人在参加面试之前都要通过各种方式去了解公司的基本情况一样。如果你在面试的时候，一见面就说："老总您能不能跟我介绍一下，你们公司是干什么的？"毫无疑问，这样的人基本第一关就死掉了。

要想说服对方，就应该尽可能多地了解对方情况，就好像一场战役开始前，侦察对手的战场布置和战斗实力，获得的情报越多，越容易找到对方防线的漏洞和缺陷。

第二次世界大战期间，丘吉尔和罗斯福在大西洋上会晤，商讨两国在共同对付纳粹的战争中各自应担负的责任，以及欧洲和大西洋各岛屿的利益瓜分问题。会谈非常热情友好，但是涉及各自利益的敏感问题时，却出现了分歧。丘吉尔希望美国能更多援助英国，而罗斯福认为丘吉尔在某些问题上不够坦诚，有所保留。双方相持不下，会谈进展缓慢，两个人都试图说服对方让步，双方对彼此的性格都非常了解。丘吉尔性格倔强，但是很有气魄，不拘小节；罗斯福非常严谨，但是也有美国牛仔轻松自在和幽默的一面。

有一天晚上，丘吉尔正在房中准备洗澡，罗斯福忽然进来，看到丘吉尔一丝不挂，场面非常尴尬。睿智的丘吉尔乘势说："总统阁下，你看见了，英国对美国没有任何保留。"丘吉尔的幽默感使罗斯福会心一笑，在接下来的会谈中，罗斯福终于做了让步，同意丘吉尔提出的一系列要求。可以说，根据对罗斯福的了解，丘吉尔恰到好处地表达了自己的意志，迎合罗斯福美国式的自由性格和幽默感，因此获得说服的成功。

因此，我们在与人沟通之前，最好把这个人的基本情况或者有关他的公司的问题了解清楚。尤其与对方是第一次见面时，充分了解对方背景就更为重要。只有这样，才能更好地把握沟通进程，并在交谈中发现对方的需求，及时调整沟通方向，达到自己的目的。

盛宣怀是晚清的一位大臣，他在拜见陌生的上级时，就非常注意了解对方的有关情况。一次，醇亲王特地在宣武门内太平湖的府邸接见盛宣怀，向他垂询有关电报的事宜。盛宣怀以前没有见过醇亲王，但与醇亲王的门客"张师爷"过从甚密，从他那里了解到两个方面的情况：一、醇亲王跟恭亲王不同，恭亲王认为中国要跟西洋学，醇亲王则不认为中国人比洋人差；二、醇亲王虽然好武，但自认为书读得不少，颇具文采。盛宣怀了解情况后，就到身为帝师的工部尚书翁同龢那里抄了些醇亲王的诗稿，念熟了好几首，以备"不时之需"。盛宣怀还从醇亲王的诗中悟出他的心思，毕竟"文如其人"。

胸有成竹之后，盛宣怀前来谒见醇亲王。当他们谈到"电报"这一名词的时候，醇亲王问："那电报到底是怎么回事？"盛宣怀回答道："回王爷的话，电报本身并没有什么了不起，全靠活用，所谓'运用之妙，存乎一心'，如此而已。"醇亲王听他能引用岳飞的话，不免另眼相看，便问道："你也读过兵书？""在王爷面前，怎敢说读过兵书。不过英法内犯，文宗显皇帝西狩，忧国忧民，竟至于驾崩。那时如果不是王爷神武，力擒三凶，大局真不堪设想了。"

盛宣怀略停了一下又说："那时有血气的人，谁不想洗雪国耻，宣怀也就是在那时候，自不量力，看过一两部兵书。"盛宣怀真是三句话不离醇亲王的"本行"，他接着又把电报的作用描绘得神乎其神。醇亲王也感觉飘飘然，后来醇亲王干脆把督办电报业的事托付给盛宣怀。

不同的背景造就了形形色色的人，与不同的人对话，说话的方式也必然有所区别。在说服别人的时候，是要迎合对方，还是要和对方正面交锋？在迎合和交锋当中，又应该从哪个地方下手？这种判断只能来自知己知彼的基本了解。那么在沟通之前，我们一般需要了解对方以下几个方面的情况：

1. 基本情况

沟通之前，对方的一些基本信息是必须清楚的，主要包括：性别、年龄、身份、职业、背景。好比战役开始前，了解对方的实力、部署、防线，以及对方所处的地形等。这些基本的内容可以通过对方的履历、一些公开的资料，以及一些公共场合中获得。只要稍微留心，认真调查，得到这方面的素材并非难事。

2. 了解对方的性格、喜好及其家人成员

如你想要具有一般的谈话能力，你要能够适应对方，尽可能了解对方的性格特点及其兴趣爱好，进而投其所好，另外也可以通过家庭成员来展开话题，引起对方的兴趣。但是切记，在态度上要友好而又真诚。

3. 了解对方的需求

了解对方需求并设法满足，将会带来意想不到的沟通效果。我

们可以在沟通之前通过间接的方式了解到对方的心理需要，在沟通时予以满足即可；也可以在沟通过程中，多听对方讲话，从对方的谈话中挖掘出他的隐性需求。

说话需自律，巧妙避开敏感话题

　　说话需自律，对失意的人不说自己得意的话，不张狂炫耀自己的地位、子女、家里的财产；见老年人不说丧气话，多说鼓励人的话；没有建言不轻易严厉批评人；与人绝交也不必说狠话做狠事。

　　不管是家庭还是事业，每个人都会遇到一些得意之事。也许你就是那个春风得意马蹄疾的人，此时你自然难掩心中的喜悦，恨不得告诉全世界的人，你升官了，发财了，找到一个相爱的人了……大多数人都会向你道贺，分享你的喜悦。但是，你注意到有一些人并不高兴吗？相对你来说，这些人就是失意的人，在他们面前，无论你多么"人逢喜事精神爽"，你都要"压抑"一下自己心中的"得意"。

　　生活中，不少人喜欢把自己的成绩挂在嘴边，逢人便夸耀自己如何能干、如何富有，完全不顾及别人的感受，甚至没有顾及当时的听者是不是正处于人生低谷。他们总以为夸夸其谈后就能得到别人的敬佩与欣赏，而事实上，很少有人愿意听你的得意之事，自我炫耀的效果往往是适得其反。

陈琳最近心情很不好，因为公司裁员，她成了一名无依无靠的失业者。眼看着生活陷入困境，她内心焦虑不安。但这时，又赶上同学聚会，陈琳实在不想参加。但好友加同事的王莉非要拉她一起去。

王莉的工作生活顺风顺水，并且节节攀升，最近又被提升了。在同学聚会上，王莉高调地宣布自己的职务又得到了晋升，同时还宣告自己找到了真爱，欣喜兴奋之际，主动承担了所有的聚会费用，整个聚会成了王莉的庆功宴。

在大家的欢欣鼓舞中，陈琳悄悄退了出去，她感觉自己受到了很大的羞辱。从此，陈琳再也不愿意和王莉交往了。

同学聚会本来是件好事情，王莉的职务晋升也是件值得高兴的事情。但是，王莉只顾自己的得意而没有顾及好朋友失意、难过的心理，从此失去了一个很好的朋友。得意的人很难掩饰自己的欣喜之情，但是，如果因为自己的"过度"兴奋而伤害朋友就得不偿失了。

当我们在得意的时候，别人说不定正处于失意的状态，特别是在朋友面前，千万不要炫耀自己的得意。如果你只顾炫耀自己的得意事，对方就会疏远你，于是你不知不觉中失去了一个朋友。所以，每逢开口说话，不管是什么内容，都要力避让别人产生自己被比下去的感觉。

聪明的人知道，在失意的人面前，不能说得意的话。失意的人本身心情不好，情绪也不稳定，他希望的是一些安慰鼓励和祝福，而不是你想要索取的"优越感"。所以,为什么不放下你的"得意"去安慰一下他们,给他们提供你力所能及的帮助呢?当然,这种帮助要从心底出发,不然你在他们眼里就会成为"猫哭耗子假慈悲"的人。

对于正在打拼的我们来说,最欠缺的是朋友,你的炫耀只会让你失去更多的朋友。相反,如果我们能对失意的人多一点关心,说不定就会为自己赢得一个机遇。

刘墉在《股事名嘴换人做》一文中讲述了这样一个故事:

王经理、小张、小邱等人一起炒股。刚开始的时候王经理每猜必中,所以大家都把王经理奉若神明,众人开始跟风,王经理买什么,大家必跟定他。而王经理也因此故弄玄虚起来,说自己炒股获得一次又一次的成功完全得益于自己得天独厚的"第六感"。

说来也怪,自从王经理在夸耀自己的"第六感"之后,每炒必亏,直接导致他的"第六感"失灵。这自然引起了众人的质疑。后来,大家不得不想办法自救,小张主动成立了炒股"自救会",集众人智慧炒股。

小张等人的"自救会"在一次炒股中尝到甜头之后,在王经理面前沾沾自喜,要求王经理加入"自救会"翻身。落寞的王经理转身离开,这时小邱并没有像小张他们那样,对失意的王经理态度依然如故。当炒股"自救会"收盘高呼时,小邱独与王经理黯然神伤,当炒股"自救会"举行庆功宴时,小邱陪王经理躲在一旁吃便当。

其实小邱并不是为了曲意逢迎上级,因为他不想看到王经理被

"孤立"。也正是他陪伴王经理度过了心情低谷期，所以他得到了王经理的信任与赏识，在王经理升职之后，让小邱接替了他的职务。

小邱的成功正是因为他用了人性的善，懂得怎样安慰一个失意的人。而小张等人只会在失意人前说自己得意之事——推广炒股"自救会"的成功之道，让王经理跟他们一起干。殊不知，这样的做法只会让王经理更难过，因为这无异于将自己的得意忘形炫耀给失意的人看。

所谓"人生失意无南北"，一个人不可能都是一帆风顺的，自然也不可能都是倒霉连天的。所以，无论在任何时候，都不要去炫耀你的得意，特别是在失意者面前，应尽量保持一颗平常心，对失意者多点同情和理解，适当地给人帮助，这会让你的人生走得更加顺畅。

也许当初你给予他人的帮助只是一点点，比如，一句鼓励的话，一些微不足道的资助，但是在别人的心里意义就重要得多。自然，当你处于失意的时候，这些点滴的帮助，就成为你摆脱困境的源泉。

精准表达，长话短说

言语在精不在多。最不会说话的人可能就是喋喋不休的人。要想把话说得"高效"，你就应该言简，让对方很快明白你所要表达的意思。

在任何场合说话，我们都应该明白一个道理，那就是"话多不如话少，话少不如话好"。一个语言精练、懂得适时缄默的人，走到哪里都会受人欢迎。而一个不分场合、总是喋喋不休的人，有可能"话多错多"，招人反感。

俗话说"祸从口出"，有时候仅是因为说了一句不该说的话，而遭到祸害。我们应谨言慎行，不能因一时兴起，说一些无根据的话语，这只会让自己名誉受损。

子曰："辞达而已矣。"孔子的意思是说："言辞只要能表达意思就行了。"

《道德经》中有"多言数穷，不如守中"的说法。老子说："话说得太多，往往会使自己陷入困境，还不如保持沉默，把话留在心里。"

《弟子规》中的"话说多，不如少，惟其是，勿佞巧"，告诉我们话多不如话少，话少不如话好。说话要恰到好处，该说的说，不该说的绝对不说，立身处世应该谨言慎行，谈话内容要实事求是。

据史书记载，子禽问墨子：老师，一个人话说多了有没有好处？墨子回答：话说多了有什么好处呢？比如池塘里的青蛙天天叫，弄得口干舌燥，却从来没有人注意它。但是雄鸡，只在天亮时叫两三声，大家听到鸡啼就知道天要亮了，于是都注意它。墨子的回答虽然简单，但阐述了说话既要切中要害又要恰合时宜的道理。青蛙与雄鸡的对比，形象地诠释了把握话多不如话少、话少不如话好的真正内涵。

古往今来，会说话的例子不胜枚举。孔子崇尚周礼，曾专程到东周都城洛阳考察礼仪制度。当他在参观周王祭先祖的太庙时，看到台阶右侧立着一个金属铸造的人，嘴上被扎了三道封条，在这个金属人的背面，还刻有铭文，大概意思是：这是古代一位说话极其慎重的人，小心啊！小心啊！不要多说话，话说得多坏的事也多。

《菜根谭》中说："十语九中，未必称奇，一语不中，则愆尤骈集。"意思是说，十句话说对九句，未必有人说你好，但如果说错一句话，则各种指责、抱怨就会集中到你身上。

由此可见，多说话不如少说话，说话要恰当无误，千万不要花言巧语。那些话痨者往往说个不停，难免口干喉痛，不仅得不到任何益处，一旦发生了"口是祸门"的事情，只会给自己的处境和人际关系带来障碍。

诸葛瑾是三国时期孙权手下的大臣，平时话不多，但常常在紧要关头，几句话就能解决问题。有一次，校尉殷模被孙权误解，要被杀头，众人都向孙权求情，只有诸葛瑾一言不发。孙权问："为什么子瑜（诸葛瑾字子瑜）不说话？"诸葛瑾说："我与殷模的家乡遭遇战乱，所以才来投奔陛下。现在殷模不思进取，辜负了您，还求什么宽恕呢？"短短几句话，孙权就感到殷模不远千里来投奔自己，即使有过错也应该原谅，于是就赦免了殷模。

与人交谈时，有些人聊到尽兴，一股脑地把什么话都说出来，好像自己多么真诚、坦白；也有些人由于一时气急就什么都不顾，什么都说,话越尖酸刻薄、越狠毒越说,一时的解气之后只怕是后悔都来不及了!所以,我们一定要管住自己的嘴,一句话没说好就可能让你身处逆境。

某博物馆派出某馆员招揽橱窗广告业务,这位馆员专程赶到当地一家制鞋厂,稍加浏览,就大包大揽地与厂长谈生意。他自以为是,手指厂房里展列出的各类鞋产品,夸奖一通:"这种鞋子,款式新颖,美观大方,如果与我们馆合作,广为宣传,一定会提高知名度的!然后就会畅销全国,贵厂生产也会蒸蒸日上啊!"

听起来声情并茂,又具说服力,可惜说话人并非制鞋内行,原来他夸耀的是对方厂中积压的一批过时的产品。结果厂长不动声色地答道:"谢谢你的话。可惜你指出的这批鞋子全部是落后于市场供求形势的第七代产品,现在我们的第九代产品正在走俏、热销。"

仅此两句话,就令这位馆员无话可说了。我们要学会少说话,说也要说得巧妙,千言万语也不及一个事实给人们留下的印象深刻。如果想要使你所说的话令人重视,有一个技巧就是少说话。少说话的人有更多的时间静静思考,因此说出来的话更为精彩。尤其是当更有经验或者更了解情况的人在座时,如果多说了,就等于自暴其短,同时也失去了一个获得知识和经验的机会。

在我们的生活中,不但要学会适时地沉默,还要学会优美而文雅的谈吐。少说话固然是美德,但是人处于社会各种场合,在不该开口的时候,要做到少说话并适当地缄默;在该说的时候,就要注意所说的内容、意义、措辞、声音和姿势,要注意什么场合说什么话。

无论是探讨学问、接洽生意还是交际应酬、娱乐消遣，我们要尽量使自己说出来的话重点突出、具体而生动。

失言后先检讨，转移对方的关注点

当一个人感觉自己因犯错可能会被人指责时，不妨先检讨自己一番。当对方发觉你已承认错误时，便不好意思再多加责怪了。

在现实生活中，也许我们都有过这样的经历：因为不小心做错了事情，或者说了一些不合时宜的话，而遭到上司、同事或是家人的指责，被人责怪的心理可能是委屈、怨恨……其实，当我们明知会被人责怪时，不如先检讨自己。

一个人有勇气承认自己的错误，也可以获得某种程度的满足感。这不仅可以消除罪恶感和自我卫护的气氛，而且有助于解决这项错误所制造的问题。同时，失言时先做检讨是一个态度上的补救，当对方发现你已经意识到犯错或心有悔意，通常会放你一马，即使想指责也不好意思了。

美国心理学专家卡耐基在其《美好的人生》一书中，讲了他的一段经历。

卡耐基常常带着一只叫雷斯的小猎狗到一个公园散步。因为这个公园平时人很少，而且雷斯这条小狗友善而不伤人，所以卡耐基常常不替雷斯系狗链或戴口罩。

有一天，他们在公园遇见一位巡逻的警察。警察严厉地说："你为什么让你的狗跑来跑去而不给它系上链子或戴上口罩？你难道不知道这是违法的吗？"

"是的，我知道。"卡耐基低声地说，"不过，我认为它不至于在这儿咬人。"

"你认为！你认为！法律是不管你怎么认为的。它可能在这里咬死松鼠，或咬伤小孩，这次我不追究，假如下次再被我碰上，你就必须上法庭跟法官解释了。"

被警察警告之后，卡耐基的确照办了。可是，他的雷斯不喜欢戴口罩，也不喜欢被链子约束。卡耐基只得作罢。又是一个下午，他和雷斯正在一座小山坡上赛跑，突然，他看见那位警察大人就在前面的不远处。

卡耐基想，这下栽了！他决定不等警察开口就先发制人。他说："先生，这下你当场逮到我了。我有错。你上星期警告过我，若是再带小狗出来而不给它戴口罩，你就要罚我。可是我……"

"好说，好说，"警察回答的声调很柔和，"我知道没有人的时候，谁都忍不住要带这样一条小狗出来溜达。"

"的确忍不住。"卡耐基说道，"但这是违法的。"

"哦，你大概把事情想得太严重了。"警察说，"我们这样吧，你只要让它跑过小山，到我看不到的地方，事情就算了。"

卡耐基处理这件事的方法是，不和对方发生正面交锋，承认对方绝对没错，自己绝对错了，并爽快地、坦白地、真诚地承认这点。因为站在对方那边说话，对方反而为自己说话，整个事情就在和谐的气氛下解决了。

试想一下，如果卡耐基不断为自己辩护的话，只能继续点燃巡逻警察心中那股还没有完全熄灭的火气，最后卡耐基可能会被处以更重的处罚。所以，如果我们知道免不了会遭受责备，何不抢先一步，自己先认错呢？听自己谴责自己比挨人家的批评好受得多吧。

费丁南·华伦是一位商业艺术家，他使用这个技巧，赢得了一位暴躁易怒的艺术品顾主的好印象。

一次，一位雇主交给他一项任务，由于时间紧迫，匆忙之中，费丁南·华伦只是把画稿交给他。费丁南·华伦见雇主在客厅里怒发冲冠的样子，心想这次定要被他"兴师问罪一番"。

费丁南·华伦见雇主正要张口，连忙主动说："先生，我的错误不可原谅，我为你工作这么多年，确实应该知道怎样画才对。我觉得很惭愧。"

没想到雇主竟为他辩护起来。他说："其实并不是什么大不了的错误，只不过……"

华伦打断他的话继续说："今后我一定更加小心，这一次我一定重新再来。"

"不！不！"雇主连连摇手，"我不想麻烦你，我只要稍加修改就行了……"就这样华伦获得了雇主的好感，并为他的商业道路打下了稳定的基础。

有时候就是这样，当你在为你的错误拼命辩驳时，恰恰会导致你将要为所犯的错误付出更大的代价。假如你能够在别人指出错误之前先承认自己的错误，十有八九会得到别人的谅解或宽恕，甚至还会忽略掉你的错误。

只有缺乏智慧的人才会为自己的错误寻找借口，强词夺理，这样只会使自己处于更不利的地位，而一个勇敢、豁达、能承认自己错误的人往往会赢得人家的谅解和敬重。

第二章 8项技能打造超级说服力

自信力："实力"就是隐秘说服力

当众说话，自信是必不可少的，它决定你这次讲话能否出色与成功。

说话时保持自信是需要在生活中的每时每刻训练出来的，如果熟练的专业技能和得体的着装仍然无法带给你足够的自信，那就需要更多的自我表现了。

通常失败感和沮丧感是由于受到打击或害怕承担风险所导致的。而人性中普遍存在着冒险的"动力"本能，在正确发挥作用时，它能驱使我们信赖自己，并利用机会发挥我们自己的创造潜力。在我们有信心、有勇气地行动时它才有机会发挥出来。有的人不能坦率面对自己的弱点，所以一个不愿意亲自试一试的人只好拿别的东西当赌注，一个不愿意勇敢地行动的人则往往靠酒杯来壮胆。此时唤醒自己内心的信心和勇气就是人的自然本能。记住，当你认同自己的专业能力、聪明智慧时，别人也会以同样的态度对待你。以下有几个小技巧，可以多加练习，直到自信流露在你的举手投足之间为止。

1. 练习大胆表现自我

把自信心视为肌肉,需要定时、持之以恒地锻炼,如果稍有懈怠,它很快就会松弛。和不期而遇的人进行一对一交谈,是很好的开始,从和水电工、超市收银员接触开始吧!

2. 想象自己是完美的化身

这是许多名模、影星在表演之前惯用的方法,同样适用于工作职场。面对大客户或提案,先静坐,从心中默想曾有的愉悦感觉,比如曾经聆听的悠扬乐章,愈具体效果愈好。

3. 说话时语气要坚定

很多人说话时都犯过过于急促的错误。说话的诀窍在于音量适当、语调平稳,速度不缓不急,此举显示你对说话的内容信心十足;利用呼吸换气时断句,可以避免许多不必要的"嗯""啊"等语病,内容显得流畅有条理。切忌以疑问句结束陈述事实的语句,以免影响语气的坚定。

4. 仿效偶像

学习你所仰慕的人的美好特质,可以是艺术家,也可以是政治家,只要其具备你所希望拥有的特质,均可模仿。

5. 以得体的装扮来加深留给他人的印象

选择适合自己气质的服装、发型、化妆,甚至香水,来展现你完美精确的专业形象。特别在颜色上要多注意,不同的色彩有不同的语言,可以善加运用。深色系代表权威信赖;亮色系则引人注目;暖色系则传达温柔且易于亲近的信息。如果你想增加自信与亲和力，不妨选择深色服装，搭配浅色丝巾或围巾等。切忌穿着过于暴露或大胆的服装，例如紧身短裙或 V 领低胸上衣，不仅容易让人想入非非，也会使你怕穿着走光而分心。

6. 以拥有者的态度走入每间屋子

走路的姿态常不自觉地泄露你的秘密，昂首阔步，抬头挺胸，仿佛一切都在你的掌握中。想象你拥有这个空间，当你举步时，回想过去曾自信的感觉。

7. 向你的焦虑妥协

掌握害怕的根源。害怕时会有生理反应——冒冷汗或呼吸急促。当你知道所有可能会有的征兆时，就可以通过一些放松的小技巧克服它。

8. 要准备犯几个小错误

为了得到你想要的东西，有时可能要稍微受一些苦，但不要自轻自贱。如果有把握之后再去行动，就什么事情也干不成。你在行动时随时都可能犯错误，你所做的决定也难免失误，但是我们绝不能因此而放弃我们追求的目标。你每天都必须有勇气承担犯错误的风险、失败的风险和受屈辱的风险。走错一步总比在一生中"原地不动"要好一些。你一向前走就可以矫正前进的方向；大部分人不知道他们实际上有多勇敢。事实上，很多人一生都在对自我的不信任中度过。如果他们知道自己潜在的能量，那将有助于他们产生解决问题甚至克服巨大危机的自信心。记住，你有这种能量，但若不付诸行动、不给它们为你服务的机会，你永远不会发现这些能量。

9. 处理"小事情"也要鼓足勇气、采取大胆的行动

不要等到出现重大危机时再去当大英雄。日常生活中也需要勇气——在小事情上锻炼勇气，才能培养出在更重大的场合勇敢地行动的力量和才能。

10. 以恰当的态度接受恭维

大部分人都有所谓的自我贬抑倾向，总是习惯性地将别人的赞美向外推，如此一来，很容易将自己由主动参与转换成被动接受，这是很不明智的。下次当有人恭维你时，记得以"谢谢"来代替"你太客气了"或"那其实很简单"这类的客套语，过于谦虚也会有损你的自信。

信任力：快速突破他人心理防线

如果对某个人表现出充分的信任，那对方就会在你的这分信任下努力去达到你所期望的目标。对此，成功的大企业家松下幸之助有很深的体会。当他注意观察公司内的员工时总会觉得那些员工比自己优秀，然后他还会对员工说："我对这件事情没有自信，但我相信你一定能够做得到，所以就交给你去办吧。"而员工由于听了他的话而感觉自己被重视，因此会竭尽全力把事情做好。

1926年，松下电器公司要在金泽市设立营业所。松下幸之助从来没有去过金泽,但经过多方考察与考虑,还是认为有必要成立一个营业所。但是松下幸之助又开始犹豫应该派谁去管理那个营业所。当然,胜任那个工作的高级主管有不少,但是,那些老资格的管理人员必须留在总公司工作。因为无论他们当中的哪个人离开总公司,都会对总公司的业务造成不利影响。这时,松下幸之助想起了一位年轻的业务员。

那位业务员当时只有20岁,但是,松下幸之助不认为年轻就办不好事情。于是,他决定派这个年轻的业务员担任设立金泽营业所的负责人。松下幸之助把他找来,对他说:"公司决定在金泽设立一个营业所,希望你能去主持这项工作。现在你就立刻去金泽,找个适当的地方,租下房子,设立一个营业所。我已经准备好一笔资金,让你去进行这项工作了。"

听了这番话,年轻的业务员大吃一惊。他不解地问:"这么重要的职务,让我这个刚进入公司才两年又如此年轻的人去担任,不太合适吧?而且,我也没有多少经验……"

但是,松下幸之助觉得应该对年轻人表现出足够的信任,于是他几乎用命令的口吻说:"你没有做不到的事情,你一定能够做到的。你想,像战国时代的零藤清正、福岛正泽这些武将,都在十几岁时就非常活跃了。他们在很年轻时就已经拥有了自己的城堡,统率部下,治理领地百姓。还有,明治维新时的志士们不也都是年轻人吗?他们能够在国家艰难的时期适时地站出来,建立了新时代的日本。你已经超过20岁了,不可能这样的事情都做不来的。放心吧，我相信你，你一定能够做到的。"

这一番话使得那位年轻的业务员下定决心说："我明白了，您就放心让我去做吧。非常感激您能够给我这个机会，实在是光荣之至，我一定会好好地去干的。"

年轻人一到金泽就立即展开工作。他每天都会给松下幸之助写一封信，告诉他自己正在找房子，后来又写信说房子已经找到，后来又是装修，等等，把自己的进展情形一一向松下幸之助汇报。很快，他在金泽的筹备工作完全就绪。于是，松下幸之助又从大阪派了两三名员工过去，开设了营业所。

正如松下幸之助所认为的，激励员工的要诀很多，但最重要的还是能够信赖他人，把工作完全交给他。受到信赖、得到全权处理工作的认可，任何人都会无比兴奋，相对地，他也会产生责任心并全力以赴地工作。是的，通常一个受上司信任、能放手做事的人往往都会有较高的责任感，因此，上司无论交代什么事情，他都会竭尽全力去做好的。

亲和力：制造融洽的谈话氛围

说服别人能否成功，就要看是不是因为你过于直接的说话方式得罪了对方，让对方感觉到不快。

要想在一场谈话中开个好头，先获得对方的好感，趁对方心神

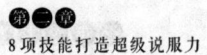

33

愉快时再提出自己的观点，相信对方更容易虚心接受，而且还会感激你。但如果你较为直接地提出自己的观点，纵然出发点是好的，也难免会激起对方逆反的情绪，甚至导致适得其反的结果。

广告设计师魏明为客户做了一个方案，连续改了几次，客户还不是很满意。魏明也很不耐烦，说什么也不想改了。老板让魏明的好朋友黄雨去说服魏明再修改方案。黄雨开始也不知道怎么说才好，后来他想了一下，就去对魏明说："最近你搞的方案应该是不错的，比较漂亮，老板看了也说好。不过，有个问题想跟你探讨一下，就是内容上可以再精确一些。我帮你一起搞怎么样？"

黄雨说的话先扬后抑，语气婉转，听不出有什么批评的意思，魏明自然容易接受，事情也就顺利解决了。显而易见，人都容易先入为主，前面赞扬的话让他很受用，后面的意见听起来就是好意，对方自然就听得进去了。所以，无论在对朋友说话还是说服别人时，都应该以礼相待，注意说话时的语气口吻，像"不过""当然""如果""可能""能否"这些委婉的词语应该多加使用，双方就容易沟通和交流。

说服一个人是否能顺利成功，很大程度上取决于说服时采用的态度和方式。没有哪个人喜欢被别人指手画脚，如果一味地讲道理或再三强调自己的看法，不难发现，除了别人的厌恶和不满之外，将一无所获。虽然古话说"良药苦口利于病，忠言逆耳利用行"，假如良药不再苦口，效果或者会更好。

一个男孩辍学了，整天无所事事，打着"自己养活自己"的幌子,离家出走找工作。几夜未归,结果工作没找到,自己没能养活自己,反倒参与了一次打群架。母亲望着一身野气、又瘦又脏的孩子,痛楚了几天的心更加痛楚。疼、气、爱、恨以及对未来的忧虑,使她一下子不知从何说起。顿了一下,她说:"妈妈心里明白,你出去是为了找工作,为了给自己、给父母争气,也为了减轻妈妈的负担,让妈妈因看到你成人而高兴。你能这么懂事,体谅大人,我很高兴。但是……"看到儿子羞愧地低下了头,妈妈又转了话锋,"不管怎样,你已经知道怎样对自己负责了,妈妈相信你以后不会做出对自己前途没好处的事。"

　　这位母亲没有吵嚷、打骂,而是先给予孩子肯定,再委婉地提出自己的意愿。由此可以看出,好的谈话者常能够从对方的心中找出容易接纳自己的点,从而拉近与对方的距离,获得对方的好感。

　　如果在说服中一定要说一些对方不容易接受的话,比如明确指出对方的缺点错误或改变对方的观点时,首先要考虑到对方能否接受。如果一开口就直指问题,对方肯定会有抵触情绪。这时候,绕个弯子说问题就显得很有必要了。先讲一些对方爱听的话,或者赞扬对方一番,然后再转入正题,就能达到想要的效果。

　　当然,为了获得对方的好感并不是无原则地一味讨好、迁就对方,而是指在坚持原则的前提下,更好地把握说服的分寸和方式。生活中,每个人都是平等的,想得到最佳的说服效果,不妨在说服的前面,先做好一层甜蜜融洽的铺垫,让对方在欢愉中接受和肯定。

寻找对方感兴趣的话题或是满足对方情感方面的某种需要，就能赢得对方的好感，再适时地提出自己的观点，这就是说服取得圆满成效的一条捷径。

1. 寻求与对方保持一致

当你试图说服对方时，如果你越是使自己等同于他，就越具有说服力。因为你和他的相似度越高，他就越认同你，把你当成自己人。你的言行在他看来，就代表着他的需求，对你的好感多过排斥。这时你再委婉地提出自己的想法，对方就比较容易接受。

2. 创造友好的谈话气氛，与对方推心置腹

努力创造一种热情友好、轻松愉快的谈话气氛，从而消除对方的猜疑、警惕、排斥心理，这对后面说服工作的达成起到很大作用。在说服对方的过程中，能否让对方感受到被尊重，不仅会影响对方的心态、情绪，而且会影响说服的效果。对方如果觉得自己在谈话中受到尊重，往往会变得更友好和热情。相反，如果对方的自尊心受到伤害，他常常会变得冷淡、消极、不服气或恼怒，甚至会反唇相讥以示愤怒，个别气量狭小者还有可能不顾一切后果图谋报复。

总而言之，在应用这种说服策略时，最关键的一点就是在给予别人认可和称赞以获得对方好感时，一定要表现出足够的真诚，千万不要敷衍了事，这样会引起对方的反感，从而无法达到想要的结果。

吸引力:"吸引"比"恐吓"更具说服力

说服他人时,如果适当点缀些俏皮话、笑话、歇后语,可以取得良好的效果。这种加"作料"的方法,只要使用得当,就能把抽象的道理讲得清楚明白、诙谐风趣,不失为说服技巧中的神来之笔。

在谈话中适当给语言加点调味剂,用一些适当的"歇后语"激活对方的思维,不仅可以搞活谈话的气氛,还可以让事情朝着自己想要的效果发展。

会做饭的人都有这样的体验:要使菜肴美味可口,要注意适加作料。说服也是这样,你在说服别人时,恰到好处地添上一句歇后语,往往能起到意想不到的效果。

歇后语,又称俏皮话、巧语、谐谑语。它是一种特殊的语言形式,前部分譬语像谜面,后部分解语像谜底。它通过含蓄幽默的比喻,夸张而精确地把抽象的道理讲得明明白白,富有启发性,而且想象丰富,诙谐风趣,言简意赅,通俗易懂,容易入心。

某塑料厂宣传干事刘某和妻子雪琼新婚宴尔,星期天一同去逛街,不料在一林荫道的拐弯处,迎面遇上刘某从前的恋人张莉。刘某感到慌乱,而对方也冷冷地看着他们。此时,只见雪琼主动走上前打招呼道:"这不是张莉姐吗?你好!今天可是一滴水滴在香头上,碰得这么巧。咱姐俩难得见面,正好,一起走吧。"一番话，说得张莉破颜而笑，忙摆手说："谢谢，不用了，我还要到那边看看。"

雪琼不愧为一位聪明伶俐的女性，她的出面不仅解了丈夫的围，而且她得体的称呼，客气的话语，特别是巧妙加进的歇后语"作料"，说得张莉不好意思，心中的不快也顿时化解。

在说服别人的时候，如果你总是板着脸、皱着眉，那么，这副样子很容易引起对方的反感与抵触情绪，使说服陷入僵局。因此，在注意到这一点时，你可以适当点缀些俏皮话、笑话、歇后语，在说服的过程中，使对话的气氛变得轻松些，这样往往会取得良好的效果。

有一对结婚八年的夫妻闹离婚，拉拉扯扯来到司法办公室。调解员了解情况后，看了看他俩说："看你们一个英俊潇洒，一个美玉无瑕，真是挑水的娶了卖茶的——如此般配，我敢说，天上的牛郎织女都羡慕你们，你们倒为点小事要离婚，你们不觉得太轻率了吗？"

进来时气鼓鼓的夫妻俩被调解员的一席话，说得不好意思地低下了头。调解员趁火候继续劝道："你们的孩子还小，他需要得到父爱和母爱，如果都胳膊肘往外拐——只顾自己，孩子长大了，知道他们的父母为点小事赌气，抛弃了他，会怨恨你们一辈子的。"

夫妻俩面面相觑，欲言又止。调解员站起来笑吟吟地说："都回去吧，以后再不要跨进这门，进这门可不是闹着玩的。"一场离婚就这么劝住了。

从上例可以看出，这位调解员口才不错，且很会说服，也善用诙谐幽默的歇后语来调和那对夫妻间的紧张气氛,从而成功地化解了一场婚姻危机。

用歇后语加"作料"说服的方法,只要使用得当,就能把抽象的道理讲得清楚明白、诙谐风趣,不失为说服技巧中的神来之笔。在工作中,上级在说服下属时,也可以用歇后语做点缀,从而取得很好的效果。

某工厂一名员工因未如自己意愿——涨工资,气势汹汹地闯进厂长办公室,大声叫嚷。厂长一声不吭,待他冷静下来以后,便心平气和地说:"小张,你知道这次为什么没给你涨工资吗?"

小张说:"不就是我爱玩麻将吗?再说了,我又不在工厂玩,工作以外的时间玩玩有什么不行?"

厂长语重心长地说:"我不反对年轻人玩,但是要玩得正当,有意义。你那天晚上一下子把一个月的工资输光,你妻子哭哭啼啼找到我,要我劝你。按理说,这是赌博,你属于公安局的禁赌对象。念你初犯,没给你处分;之所以没升你工资,是想让你从中吸取教训。赌博这玩意儿可害人哪,弄不好,到头来门神店失火——人财两空。那时,厂里可担当不起呀!"

小张听了厂长的一番话,低下头沉思着。厂长拍拍他的肩膀:"好好干活去吧,今年的奖励升级我可等着你啦!"

小张听了,心服口服,满怀希望地回去工作了。

厂长妙用"门神店失火——人财两空"这一歇后语来警醒小张赌博的严重性,从而使小张意识到了问题的严重性,决定改变这种不良的习惯。

在说服中给自己的语言加点"作料",不但能营造一种轻松的谈话氛围,而且可以让对方不那么抗拒,以达到四两拨千斤的效果。值得注意的是,歇后语作为说服的"作料",一定要用得恰当,即做到适时、适地且符合说话人的身份,才能收到好的效果。

高情商:避免哪怕一秒的情绪对抗

即使一开始时,无法说服别人,也不要犯急躁的毛病。

俗话说,"心急吃不了热豆腐"。在说服过程中,如果你的观点是对的,人家听了你说服的内容,立刻点头叫好,改弦易辙,并称赞你"一语惊醒梦中人",这自然是最妙不过的。

不过,每个人对事物的看法并不是一天形成的。有时候,要对方同意你的观点,也并非容易之事。

因此,在说服他人之前,你要有长期做说服工作的心理准备。对于"成见"这座大山,今天挖一个角,明天铲一块土,逐步解释你的观点,日积月累,双方就会达成某种共识。

某科技公司董事长仝先生,想说服龚先生购买他们公司新发明的阳画感光纸,但行间一直传说龚先生对这类新技术、新发明一向不感兴趣。

在一次拜访中,仝先生客气而耐心地向龚先生解说阳画感光纸,并在交谈中细心观察龚先生的反应。

一次、两次……六次、七次,一再拜访。有一天,龚先生不耐烦了,大喊:"我说不行就是不行,要讲几次你才了解。"

他生气了,证明他已经开始在意你的行为了,事情似乎有了转机。仝先生认为:"既然你已经生气了,让你情绪稳定下来就太可惜了。"于是,仝先生第二天清晨又去了。

"昨天跟你讲过,怎么你又来啦!"

"哦,昨天很难得挨骂,所以我又来了。"仝先生微笑着回答,"今天只是为了和你道个歉,打扰你了,再见!"龚先生一下子呆住了,而仝先生认为他已经有了反应,达到了一定效果,所以暂时应以退为进。

第三天一早他又去了,再次接触时,龚先生终于提出让仝先生再细致地讲述一遍阳画感光纸的特点和先进性。

最终的结果不言而喻,龚先生在仝先生耐心地说服下接受了他们公司的新产品。

从这个故事里可以看出,看似很难成功的说服,在耐心坚持下,还是会有转机的。所谓"贵在坚持",如果仝先生没有坚持一而再、再而三的拜访,事情肯定就是另一种结果了。

说服是一种通过直接接触,并交换意见,从而改变态度的方式,这种方法最明显的特征是双向沟通。如果你一时无法说服别人,切记一定不能犯过分心急的毛病。如果你急于求成,反而会弄巧成拙。

在说服的过程中，如果对方比较精于逻辑思考，一边听你的理由，一边还能冷静地思考分析，这个时候你不能只是认为自己的理由充分，就急于让对方给你明确的结果。他不会立刻相信你的话，但要求你说话有根有据，条理分明，然后他再分析思考。

每个人的观点、想法都不同，这是因为每个人的生活环境不同。如果与他人交往过程中，固执地认为自己的想法是绝对正确的，对方必须"一说就服"，甚至无条件地认同自己，这样的想法会使自己的人际交往失衡，事实也不会像自己预见的那样顺利地达到说服目的，反而可能导致自己陷入孤立的状态。

每个人都有坚持己见的本能，这种本能是不可轻易改变的。直接的说服往往会遭到直接的拒绝，这个时候，不妨先退出一段距离，找到其他的切入点，然后一点一点地介入，一步一步地向目标接近。

在社会生活交往中，说服别人是我们常常要面对的一个问题，大到思想观念，小到生活琐事。然而，成功地说服别人并不是那么简单的事。所以，这就要求在说服别人时不可急于求成，把自己的观点强加于人。要做到耐心地逐步说服对方，要从以下几点着手：

1. 以退为进，调节气氛

先由对方不经意的问题切入。先对对方的观点表示赞同，以退为进，制造出一个融洽的谈话氛围，再层层递进，步步深入，逐步引向实质性问题，使对方随着说服者层层推论的思维轨迹，渐渐接受说服者所讲的事理。

2. 多制造与对方见面的机会

要说服一个人，就要做好长期说服的心理准备。与对方会面时，谈话的内容不要给对方造成负担，以免使对方产生反感，要留有再见面的余地。为了达到这一目的，切忌在谈话一开始就直接涉及说服主题，最好先轻松地谈谈其他话题。值得注意的是，自始至终，都应该保持温和的态度，必要时可以顺从对方。

3. 单一而明确的目标

在说服过程中必须保持单一而明确的目标。如果目标不清或目标含混，你的说服就显得漫无目的，所有的交谈就达不到想要的效果，甚至会发生"言多必失"的情况。例如，推销员在推销商品时，仅仅一味地、滔滔不绝地说一大堆顾客根本不想听的话，往往只会引起反感。

所以，明确自己的说服目标能为自己的努力决定方向。如果你的想法、措辞不能达到你想要的效果，就重新来，再组织新语言。如果明确地知道自己的目标所在，就要坚持到底，坚持到最后时刻，不放弃。很多人都因为没有足够的耐心而失去了很多机会。

领悟力：懂对方的逻辑，话才能说到点上

由于被说服者的性格不同，说服时要点的把握就有很大的区别。这就需要自己平时细心琢磨、灵活掌握，因人而异。切忌不分

对象，见了哪路神仙都是一副面孔、一个腔调、一套说辞。

不同性格的人，对接受他人意见的方式和敏感程度是不一样的。在说服别人的过程中，要根据说话对象的不同，改变说话方式、语气和措辞，这样说出来的话才容易被对方接受，才能达到说服他人的目的。

在生活中，每个人的性格都全然不同。比如有人个性强，有人则比较感性，有人较虚荣，等等，而且每个人的行为动机和需求也不尽相同。所以，要想说服他人就要因人而异，一把钥匙开一把锁。根据对象的实际情况如年龄、身份、文化修养、性格、彼此间的熟悉程度等，采取不同的说服方式和语言技巧来增加自己的说服力。

一家工厂精减人员，一位女员工由办公室被精简到一线。这位女员工很想不开，觉得厂长有意针对她，要求厂长立即给她办病休手续。这天，她又到厂长办公室吵闹，一位负责人事的干部叫住了她："大姐，咱姐妹不错，我有几句贴心话想和你说说。"

这位女员工一落座，就诉起苦来。她始终认为，把她裁到一线是厂长有意整她。等她说完，这位人事干部说："大姐啊，你说厂长整你，我看可能是你多心了。厂里这次精减裁员下岗了30多人，你们办公室裁了3个人，而你只是被裁到车间，活虽然比以前辛苦点，可是多干多得，这不比在办公室里拿那几个固定工资强？"

她边说边观察那位女员工的变化，看到对方脸上阴沉的表情有所缓解，又接着说："大姐啊，你就为一口气，而要病休可是太不合算呀！咱们已经这个岁数了，再做几年就该退休了。假如你现在病休，到退休时工资只能拿70%，那你不亏大了？你想想，咱辛辛苦苦一辈子，真就差这么几天熬不下来了？大姐，你琢磨琢磨，我说得有道理没？"

说到这里，那位女员工脸上露出了笑意。她拉住人事干部激动地说："你算把你的傻大姐给说醒了！人在事中迷，就怕没人提。我倒把这茬儿给忘了。我听你的，明天就到一线！"第二天她就痛痛快快下了车间。

从上面故事中不难看出，想要说服对方，就要知道对方的"心结"所在。从对方的实际情况着手，有针对性地进行说服。由此可见，要根据不同说服对象的性格使用不同的说服方法。对一些人只需把道理讲清即可，可另外一些人却要从情感着手。同样的内容，要用不同的方式表达。

有人就想不明白，明明给他人的是一个很好的意见，却不被他人接受。这就是因为他没分清说服对象，采用同一种说服方法，所以很难顺利达成目标。从下面一个故事里也许可以得到一些启发。

208年，刘备兵败樊口，无力反击，要与曹军抗衡，必须与孙权联手，于是他派诸葛亮前往江东说服孙权。

孙权手下的谋士大都主张降曹自保，只有鲁肃主张联刘抗曹。诸葛亮到了东吴，鲁肃就明确地向诸葛亮表示，见了孙权之后，一定不能说曹操兵多将广。诸葛亮没有直接承诺会像鲁肃所说的那样来应对孙权，只是说他自会随机应变。

当孙权向诸葛亮问曹操兵力如何时，诸葛亮说："据说曹操屯兵百万，可实际上并不止这个数字。所以，在这个时候，彼此联盟是明智的选择。"孙权很惊讶地问："那为什么兵力比东吴还弱的刘备敢和曹操抗衡呢？"诸葛亮说："我的主公是为了要匡扶大汉江山，所以和曹操一战是必不可少的。这是正义之战，兵力是次要的问题。为了东吴的安全着想，所以劝说你和我的主公联手抗曹。"听了诸葛亮的这番话，孙权也立志要和曹操决一胜负。于是孙刘两家合力对抗曹操，成就了历史上著名的以少胜多的赤壁之战。

诸葛亮知道孙权虽然年少，缺乏对敌经验，但却不是简单的人物。如果把敌方的兵力说弱了，或许他就不会与刘备联盟了，所以反而以强调敌人的强大，激起他的斗志。由诸葛亮游说孙权的例子中可以证明，诸葛亮的"看人说话，说话因人而异"的方法是成功的。

社会交际中，难免会遇到与自己相悖的人。在说服之前要有备而来，不同的人采用不同的说服方法，这就要求必须具备丰富的知识和经验。所以为了能具备这种说服的才能，就得体会各种经验，使自己的见识进一步增加，具体可以考虑以下几个因素：

不同年龄段和不同的性格：面对年轻人或性格直爽的人，你可以直入话题，要多用正话反说的方式；面对中年人或谨小慎微的人，应轻言细语、陈述利害，以供他们思考、斟酌；面对生性多疑的人，切忌时时表决心，而应不动声色，由他们自己消除疑惑；面对老年人，应采用商量的方式，以示对他们的尊重。

不同的工作性质和兴趣爱好：如果从被说服者从事的职业或不同的兴趣着手，运用对方所熟知的专业或感兴趣的话题打开局面，对方对你的信任程度就会加深。每个人对别人提起自己擅长的领域都会产生好感，说服工作便能事半功倍。

不同的文化修养：面对文化程度较低的人，要用通俗易懂的语言，简明扼要地说明道理，多使用具体的事例和数字；面对文化修养较高的人，要多用书面语言和抽象的哲学说理。

总之，说服别人必须要看对象、看场合，针对不同的人采用不同的说服方法也是我们要掌握的说服他人的技巧之一。

感染力：像乔布斯一样撩起对方的欲望

在缺乏激情的对话中，往往语言简单，甚至讲几句话就无话可说了，总是找不到话题，最后让沟通陷入尴尬无法进行下去；而在充满热情的交谈中，双方都满面笑容，说出来的话能热乎到人的心里去，这样的沟通无疑是高效而圆满的。

与人交谈时，我们说话要有激情，掷地有声。如果一个人说话太慢或缺乏热诚与感染力，对方也会觉得兴趣索然。跟笑声一样，热诚也会传染。你说的话语、表情，以及你对自己所做事情的感觉，也会影响他人，你对自己的工作或产品的热情都能通过语言传递给他人。

要想让激情感染听众，讲话者最好的选择不是说自己想说的，而是说出对方想听的话，这样更能加深共鸣感，拉近双方的心灵距离，让对方的心和你的心连在一起，从而把激情传递给对方。美国前总统奥巴马就是一个用激情感染听众的领导者。

2008年8月28日，美国伊利诺伊州联邦参议员奥巴马正式接受美国民主党总统候选人的提名，成为美国历史上第一名黑人总统候选人。奥巴马在8万多名现场观众的注视下发表了演讲，演讲持续了44分钟，他力图向会场内外的所有美国人证明，他与选民零距离。

"怀着强烈的感激和深深的谦恭，我接受你们的美国总统候选人提名。"

他说，那些从伊拉克和阿富汗回国的老兵让他想起自己曾参加第二次世界大战的外祖父；那些生活压力过重的学生们让他想起了自己吃苦耐劳的母亲；那些遭遇职场歧视的女性则让他想起了自己的外祖母。

"我了解你们的苦衷，我今晚站在你们面前，因为全美国有一种情绪在涌动。那些对我说'不'的人并不理解，这场选举的主角不是我，而是你们。"这时，全场响起了雷鸣般的掌声。

一个人没有激情和热情是很难成功的，而激情和热情是什么呢？激情和热情是一个人对工作和学习高度责任感的体现。

我们说话缺乏激情，就会显得苍白无力。每个人都有激情，只是在现实生活中，很少有机会能表现出来，加之一般人都不愿将自己的感情当众流露。因此，人们总是通过交流或者参与某种活动，在一个大家都非常投入的氛围中，以满足这种感情流露的需要。

人们对林肯就任美国总统时的一篇演说赞誉备至，称之为"人类最光荣而最宝贵的演说之一，是最神圣的人类雄辩的真金"。其演说内容如下："我们对于大战灾祸能够早早结束，都很热诚祈求……不论对什么人，我们都要慈爱而不要怨恨，我们坚持正义，并继续努力完成我们的工作——整顿我们已经残破的国家，纪念我们战死的烈士，善待孤儿寡母，维护人与人之间的永久和平。"

有人评价道："林肯在葛底斯堡的演说已经十分精彩，然而他的就职演说更加精彩……这是林肯一生中最感人的演说，他这篇激情澎湃的演说使他的人格魅力散发出耀眼的光辉。"

缺乏激情，你所说的话就会苍白无力、枯燥无味。想打动人心，说服对方吗？那么，需要从以下三个方面做起：

1. 说话要充满自信

有自信，说出来的话自然会显得有力而且够分量。如果你还不够自信，就需要勇于尝试，从尝试的结果中，找出成功或失败的关键，口才自然越练越好。经过多次的尝试与体验，就能学会谈话技巧，累积各种经验。此外，阅读报刊、欣赏电影、倾听别人说话，都可以学习说话的技巧，从中提升你的表达能力。

2. 讲话要抑扬顿挫

如果你想表达出蕴藏在内心的激情，讲话就应该抑扬顿挫。停顿不只是声音的静止,而是一种无声的心灵之语,它往往配合动作手势。例如,低头沉思;双手握拳,做激动状;说到关键处,双目凝视;深深叹息;皱紧双眉做痛苦状;抬头仰望天空,等等。做出以上动作手势时,一定要自然、逼真,否则就失去了"停顿"所特有的效果。

3. 真情流露

在当众说话时,你的真情实感通常会从内心流露出来,这是一种自然流露,也是一种可以感染他人的流露。如果你能够调动自身的情绪,以情感人,那么听者的注意力便会在你的掌控之下,你就掌握了开启听者心灵之门的钥匙。

引导力:让对方一步一步说"是"

在与人讨论某一问题时,不要一开始就把双方的不同意见摆出来,剑拔弩张。而应先讨论一些你们具有共识的事情,让对方不断说"是"。渐渐地,你慢慢提出双方存在的分歧,这时对方也会习惯性地说"是"。一旦他发现之后,可能已经晚了,只好继续说下去。

布朗是格林尼治储蓄银行的一名出纳,他就是采用这种办法挽回了一位差点失去的顾客。

一次,有个年轻人走进银行大厅的窗口前说要开个户头。布朗先生听了,马上递给他几份表格让他填写,但年轻人却以不愿泄露个人信息为由，断然拒绝填写有些方面的资料。

布朗："我可以理解你不愿泄露自己的相关信息，这种警惕是值得提倡的。但是，假定你遇到意外，是不是愿意银行把钱转给你所指定的亲人？"

年轻人："是的，当然愿意。"

布朗："那么，你是不是认为应该把这位亲人的名字告诉我们，以便我们届时可以依照你的意思处理，而不致出错或拖延？"

年轻人："是的。"

这时，年轻人的态度已经缓和下来，他知道这些资料并非仅为银行而留，而是为了他个人的利益。

最后，这个年轻人不仅认真地填写了所有资料，而且在布朗的建议下，还开了一个信托账户，指定他的母亲为法定受益人。当然，他也填写了所有与他母亲有关的真实资料。

让对方在一开始就说"是，是的"。假如可能的话，最好对方没有机会说"不"。"是"的反应其实是一种很简单的技巧，却为大多数人所忽略。懂得说话技巧的人，会在一开始就得到许多"是"的答复。这可以引导对方进入肯定的方向，就像台球一样，原先你打的是一个方向，只要稍有偏差，等球碰回来的时候，就完全与你期待的方向相反了。也许有些人以为，在一开始便提出相反的意见，这样正好可以显示出自己的重要而有主见。

如果你能将事情做得像是对方自己做的决定，而不是他在你的劝说下勉强做的选择，那么不必你再去说服，他自己就会点头称是，与你合作了。

没有人愿意被别人强迫去做事，大家都喜欢自己去设计、自己去选择。如果你满足了对方"自我表现"的欲望，他会很高兴地配合你的工作，因为他认为这其中包含他的思想和创意。

说服他人其实就是这么简单，只要你找到了让他开口说"是"的方法。所以，在谈话开始的时候，如果能够引导对方说出更多的"是"，那么之后的建议或意见，就比较容易获得对方的认可。

第三章 说服高手骨子里都是逻辑大师

引经据典,让说服更有穿透力

典故大都是前人留给后辈的思想文化遗产。经典的文化内蕴博大精深,涉及方方面面。

人们崇尚经典,是因为经典的语言,常被后人视作明辨是非的指导;经典的人物,常被后人当作效仿的楷模;经典的故事,能给后人留下一部部助益无限的读本。人们崇尚经典之余,还喜欢运用经典。有了经典这种"武器",无论是行为还是语言便都有了充实的依据。

有许多人在和别人说理时,为使自己的"理"能服人,便以引用经典的方法来补充自己的观点、立场的正确性,增加对手辩驳的难度。辩论也不外乎如此。我们将这种方法俗称为"引经据典,以理穿幽"。

所谓引经据典,就是在谈话中根据情况巧妙地引用典故警句、成语、歇后语、故事等形式,以达到叙事论理引人入胜、生动形象的说服效果。

任何一个说服者都希望自己的说辞具有感染力和说服力。感染力和说服力来自发散型逻辑思维和妙语连珠的有机组合。引经据典正是以此来增加这种有机结合的分量。这种分量，在言简意赅地明晰自己的观点的同时，也能更坚定自己达到说服目的的信心。

一个温地人去东周都城，周人不准他进去，问他："你是外人吧？"温地人回答道："我是这儿的主人。"可是问他所住的街巷，他却说不上来。东周官吏就把他囚禁起来了。

东周国君派人问他："你是外地人，却自称是周人，这是什么道理？"他回答说："我小时候就读《诗经》，《诗经》里说：'普天之下，没有哪里不是天子的土地；四海之内，没有哪个不是天子的臣民。'现在周天子统治天下，我就是天子的臣民，怎么是周都的外来人呢？所以我说是这儿的主人。"东周国君听了，就命令官吏释放了他。

典故、名言、名句都是传统文化的精粹，蕴藏着丰富的思想内涵，有着以一当十的威力。说服者引经据典如能恰到好处，自然能加重说服言辞的分量，赢得说理的优势。

历史就是一面镜子，用历史的经验和教训作为论据，极富说服力。常言道，事实胜于雄辩，而那些经典历史篇章是经过时间考验与广泛评说的前人的实践，是具有压倒性征服力的。

汉文帝时，魏尚做云中太守。当时，匈奴人时常侵扰边塞，使北方诸郡不得安宁。魏尚任云中太守以后，开始整顿军队，积极抵抗，一时声威大震。匈奴人闻知魏尚智勇兼备，轻易不敢进犯云中。一次，匈奴的一支军队进入云中境内，魏尚便率军迎击，打退了匈奴的入侵。由于疏忽，魏尚在向朝廷报功时，多报了6个首级。汉文帝便认为魏尚冒功，撤销了他的职务，并让官吏依法治罪。大臣们都感到魏尚获罪有些冤枉，但是却无法解救他。

　　一天，文帝看见了做郎署长的冯唐，问他："你是什么地方人？"冯唐回答说："我是赵人。"文帝一听，便来了兴致，说："以前我听说赵国的将领李齐十分了得，巨鹿大战时，威震敌胆。现在，每当我吃饭的时候都想起他。"冯唐回答说："李齐远不如廉颇、李牧。"原来，赵国在战国时有很多良将，廉颇、李牧是当时十分著名的将军。文帝听后，叹道："可惜，我没有廉颇、李牧那样的将才，如果有他们那样的人为将，我就不担心匈奴人了。"冯唐见时机已到，忙说："您即使得到像廉颇、李牧那样的将才，也不一定会用。"汉文帝十分惊诧地问道："你怎么知道呢？"冯唐回答说："古时候的帝王派遣将领出征，总是说'大门以内我负责，大门以外由将军治理'。军队里依功行赏，本来是将军们的事，由他们决定以后再转告朝廷。过去，李牧在赵国做将军，所在地的租税都自己享用了，赵王不责怪他，所以李牧的才智得到了充分发挥，赵国也几乎成为霸主。而当今，魏尚做云中太守，其所在地的租税收入，全部用来供养士卒，因此匈奴惧怕他，不敢接近云中的边塞。而陛下仅仅因为6个首级的误差，便将他下狱治罪，削掉了他的官爵。所以，我才敢说，陛下即使有廉颇、李牧那样的将才，也不能够很好地任用他们。"

　　汉文帝听了冯唐这些话之后，感触颇深。当天，汉文帝就派冯唐拿着符节到云中赦免魏尚，恢复了他云中太守的职位。

在日常生活或处理事务中，引用典故时最好具体一些，这样会更有说服力。

《贞观政要》载，唐太宗有一匹骏马，他特别喜爱，长期在宫中饲养。有一天，这匹马无病而暴死，太宗大怒，要把马夫杀掉。这时，长孙皇后劝谏道："从前，齐景公因为马死的原因要杀马夫，晏子控诉马夫的罪行说：'你把马养死了，这是第一条罪状；你使得国王因为马的原因杀人，老百姓知道了，必定怨恨国君，这是你的第二条罪状；邻国诸侯知道这件事，必定会轻视我们的国家，这是你的第三条罪状。'结果齐景公赦免了马夫。陛下读书曾读过此事，难道你忘记了吗？"

唐太宗听后，怒气全消，遂赦免了马夫。

唐太宗的马死了，太宗要处死马夫；历史上齐景公的马死了，要处死马夫，这是何等相似的事。长孙皇后巧妙地引用晏子谏齐景公这一史实，使唐太宗从愤怒中清醒过来，改变了自己错误的决定。

由此可见，在与人说理时引用典故是纠正对手、巩固自己观点的一种绝妙的手法。通过引用典故，让古人替今人说话，让经验为探求者开道。这种手法的妙用，不但能使对手心悦诚服，同时，也让自己更有信心、更有把握地沿着自己所持的正确想法去拓展。

最强的逻辑说服是摆事实

以史为鉴，于人可以知得失，于国可以知兴替。小到立身，大到治国，历史都是一面镜子。因此，在辩说中引用历史的经验和教训作为论据，极富说服力。

1937年10月11日，罗斯福总统的私人顾问亚历山大·萨克斯受爱因斯坦等科学家的委托，在白宫同罗斯福进行了一次会谈。会谈的主要目的是，要求总统重视原子能的研究，抢在德国之前造出原子弹。

萨克斯先向罗斯福面呈了爱因斯坦的长信，接着读了科学家们关于发现核裂变的备忘录。然而，总统对这些枯燥、深奥的科学论述不感兴趣。虽然萨克斯竭尽全力地劝说总统，但罗斯福在最后还是说了一句："这些都很有趣，不过政府若在现阶段干预此事，似乎还为时过早。"这一次的交谈，萨克斯失败了。

第二天，罗斯福邀请萨克斯共进早餐。萨克斯十分珍惜这个机会，决定再尝试一次。

一见面，萨克斯尚未开口，罗斯福便以守为攻地说："今天我们吃饭，不许再谈爱因斯坦的信，一句也不许谈，明白吗？"

萨克斯望着总统含笑的面容说："行，不过我想谈一点历史。"因为他知道，总统虽不懂得物理，对历史却十分精通。

"英法战争期间，"萨克斯接着说，"在欧洲大陆一往无前的拿破仑，在海战中却不顺利。这时，一位年轻的美国发明家罗伯特·富尔顿来到这位伟人面前，建议把法国战舰上的桅杆砍断，装上蒸汽机，把木板换成钢板，并保证这样便可所向无敌，很快拿下英伦三岛。但是，拿破仑却想，船没有帆就不能航行，木板船换成钢板船就会沉没。他认为富尔顿是个疯子，把他赶了出去。历史学家在评价这段历史时认为，如果拿破仑采取了富尔顿的建议，19世纪的历史将会被改写。"

萨克斯讲完后，目光深沉地注视着总统。他发现总统陷入了沉思。

过了一会儿，罗斯福平静地对萨克斯说："你胜利了！"萨克斯激动得热泪盈眶，他明白胜利一定会属于盟军。

萨克斯的借古谏君术大功告成。

杜坦是西晋名将杜预的后代。西晋末年，中原战火四起，民不聊生，杜家为避战乱来到河西，投靠了前凉张轨政权，后来前凉被苻坚攻灭，杜氏又辗转于关中一带。

417年，宋武帝刘裕灭后秦，杜坦兄弟便随即渡江，来到南方。当时，南方实行士族制度，渡江较早的，地位极高。晚来的士族，尽管其祖辈在北方是名门世家，朝廷也不给他们优厚的待遇。他们之中的杰出人才，也不可能进入上流社会。

一天，宋武帝与杜坦在一起闲谈，武帝说："可惜呀，现在再也找不到像金日磾那样的人才了！"杜坦答道："金日磾生于今世，也只不过能养马，怎会被委以重任呢？"

宋武帝闻听此言，马上变了脸色："卿为什么把朝廷看得如此之薄？是说我不重视人才吗？"

杜坦说："那就以我为例吧。臣本来是中原的名门，世代相承。只不过因为南渡较晚，便受到冷遇，更何况金日䃅是胡人，在汉朝时只不过是一个养马的人呢？"

宋武帝一时无言以对。

唐朝的尉迟敬德依仗自己是开国功臣，骄狂放纵、盛气凌人，招致同僚的极大不满，甚至有人告他谋反。

李世民知道后，问尉迟敬德是否当真，敬德回答："臣跟随陛下讨伐四方，身经百战。如今幸存者，只有那些刀箭底下逃出来的人。天下已经平定，反而怀疑起臣下会谋反吗？"

说着把衣服脱下扔在地上，露出身上的累累伤痕。李世民感动至极，只得以好言好语安慰一番。但是，尉迟敬德的骄纵狂妄却一点也未有所收敛。

一天，尉迟敬德在太宗举行的宴会上与人争论谁是长者，一时火起，居然打了任城王李道宗，弄瞎了李道宗的一只眼睛。皇上见尉迟敬德如此放肆，十分不悦。

事后，李世民单独召见了尉迟敬德，语气严厉地告诫他："朕的确想和你们同享富贵，然而你却居功自傲，多次冒犯别人。你难道不知道古时韩信为何被杀吗？在朕看来，那并不是高祖的罪过！"

尉迟敬德这才害怕了，以后做事便本分了许多。

引用史实可以充分发挥历史事实、典故无可辩驳的说服力，生动形象而且引人入胜，有助于人们从中得出结论。

值得注意的是，所用事例要避开那些已被广泛应用的材料，那样会让人觉得平淡无味，丧失兴趣，当然也达不到预期的效果。

利益决定立场，立场就是人的逻辑

相信你一定经历过在说服别人或想拜托别人做事情时，不管怎样进攻或恳求对方，对方总是敷衍应付，漠不关心。这时你首先要消除与对方心理上的隔阂，然后再说服引导。在推销方面，推销员为了唤起顾客的注意，并达到80%的购买率，往往是先引导，后说服。

在英国工业革命方兴未艾时，以发明发电机而闻名的法拉第，为了能够得到政府的研究资助，去拜访首相史多芬。

法拉第带着一个发电机的雏形，非常热心并滔滔不绝地讲述着这个划时代的发明，但史多芬的反应始终很冷淡，一副漠不关心的样子。

事实上，这也是无可奈何的事情，因为他只是一个政客，要他看着这种周围缠着线圈的磁石模型，心里想着这将会带给后世产业结构的大转变，实在是太困难了。但是法拉第在说了下面这句话后，却使原本漠不关心的首相，突然变得非常关心起来，他说道：

"首相，这个机械将来如果能普及的话，必定能增加税收。"

显而易见，首相听了法拉第所说的话后，态度突然有了巨大的转变。就是因为这个发动机，将来一定会获得相当大的利润，而利润增加必能使政府得到一笔很大的税收，而首相关心的就在于此。

是的，通常我们行动的目的都是"为自己"，而非"为别人"。如果能够充分理解这一点，那么想要说服他人就犹如探囊取物般容易了。只要了解对方真正追求的利益，进而满足他的要求，便可达到目的。但是，将这条最基本要件抛诸脑后的却也大有人在。他们没有满足对方最大的利益，一心一意只是想要满足自己的私欲。

某酒厂的负责人成功研发了新型水果酒，为求尽快让产品打进市场，于是他决定说服社长批准进而大量生产。

"社长，又有新的产品研发出来了。这次的产品是前所未有的新发明，绝对能畅销。连我都喜欢的东西，绝对有市场性。我敢拍胸脯保证。"

"什么新产品？"

"就是这个，用梨汁酿制的白兰地。"

"什么？梨汁酿的白兰地？那种东西谁会喝？况且喝白兰地的人本来就少，更甭说用梨汁酿的白兰地……就是我也不会去喝。不行！"

"请你再评估评估，我认为很可行。用梨汁酿酒本来就不多见，再加上梨子有独特的果香，一定很适合现代人的口味。"

"嗯，我觉得还是不行。"

"我认为绝对会畅销……请您再重新考虑一下。"

"你怎么这样唠叨？不行就是不行。"

这样的劝说不仅充分显露不顾他人立场的私心，还打算强迫他人赞同自己的意见。

"好歹也要试试看才知道好坏，这是好不容易才研发出来的呀！"

"够了，走吧！"

最后，社长终于忍不住发火。这位负责人不仅没能说服社长，反而砸掉了自己的名声。

碰到这种情况，别人只会感觉："瞧他口气，根本是个主观主义者，只会考虑自己的家伙，还想把个人意见强加于别人！"如此一来，怎么可能赢得说服的机会呢？因此，无论如何，你都应该考虑以对方利益为出发点的劝说方式。

有理有据，多角度论证增强说服力

说服不等同于压服，而是让人心服。想要达到这样的目的，自然先要将道理摆出来，做到以理服人。

想要说服别人，最好的方法是针对具体问题，摆事实、讲道理，以理服人。如果靠一味地说教是难以奏效的。

自古以来，"动之以情，晓之以理"是劝导说服别人的最基本的两条原则。以理服人就要以事实为根据，阐明其中的道理，让对方从你讲的道理中认识到其正确性,从而接受你的观点,按照这种观点行事。

但要注意的是讲道理要针对要害,否则,喋喋不休,磨破嘴皮,也是隔靴搔痒,不能解决问题。因为,但凡处在被说服者的位置,往往是因为对某一问题有心结,想不开。所以,劝导说理一定要具体实在,既不能说空话、套话、大话,东拉西扯,也不能像做报告那样滔滔不绝,重点是实在地论证说理。

有这么一个故事:

春秋时期,鲁国人公输盘为楚国造了攻城的机械——云梯,楚国准备借用它来攻打宋国。墨子听说这个消息后,就立即从鲁国动身,一连走了十天十夜,方才赶到楚国,拜会公输盘。

公输盘很客气地问:"先生不远千里而来,有何见教?"

墨子故意说:"北方有人侮辱我,我想借助您的力量杀了他。事成之后,我送您二百两黄金。"

公输盘听了以后很不高兴,断然拒绝道:"岂有此理!我是讲仁义的,怎么能随便杀人呢?"

墨子因公输盘还自称是讲仁义的,便反驳他说:"请允许我向您进言。我从北方听说您造了云梯,要拿去攻打宋国,可是宋国有什么罪呢?楚国多的是土地,缺少的是人。发动战争来杀害自己所缺少的人,而争夺自己已经足够了的土地,不能算是聪明;宋国没有罪,却要去攻打它,不能算是仁爱;懂得这个道理,却不据理力争,不能算是忠诚;争论达不到目的,不能算是坚强。杀一个人认为不义，却去杀许多人，恐怕也不能算会类推事理。"

墨子从不智、不仁、不忠、不义等方面发出一连串具有针对性的词语，气势逼人，公输盘无从辩解，只得承认自己错了。

由此可见，以理服人，不但可以让人心悦诚服，还可以修身齐家治国平天下。给人以一片真心，那么对方就会回你一腔真诚，正所谓"投桃报李"。俗话说："势服人，心不然。理服人，方无言。"如果用权势和武力去驱使别人接受你的意见，虽然对方可能会暂时屈服，但也会因此怀恨在心，伺机报复。以理服人，才能够使对方从心里佩服你，进而与你和睦相处。

说服他人时，切忌产生争执，"说"的目的是要达到让对方心服口服的效果。争执产生的基础是把个人成见当作说服依据，人普遍易犯的错误有两个：以己贬人和以己度人。要想以理服人，首先就要摒弃个人喜好，客观地对待对方的观点，按照他的思路分析，找出矛盾，再间接地提出自己的观点就更能以理服人。在整个说服过程中要尽量做到尊重他人，这样你的建议会更容易被他人所接受。

一次，唐代著名谏臣魏徵直言进谏，使唐太宗感到很难堪，太宗对魏徵很是愤恨，回寝宫后，仍愤愤不平地说道："总有一天我要杀了那个乡下佬。"

长孙皇后听后，深感不安，便对太宗说道："曾听说陛下器重魏徵，只是不知其中缘故。今天听起陛下说魏徵直谏的事，此人果然能以大义劝止陛下感情用事，可称得上国家正直之臣！妾与陛下结发为夫妻，承蒙礼遇，情意深重。然而每当说话时还要观察陛下的脸色，不敢轻犯威仪，何况是臣下情疏礼隔呢？触犯龙颜是危险的，因此古时韩非曾说'说难'，东方朔也叹'谈何容易'，都是很有道理的。自古忠言逆耳，良药苦口。掌握国家的人以国事为重，听取忠言就会使社会安宁，拒绝忠言就会使政治混乱。陛下详察其中道理，那么天下就幸运了。"

长孙皇后的话使唐太宗顿时醒悟，以后对魏徵更加器重。魏徵死后，他深感悲痛，亲临魏徵灵堂恸哭，追赠他为司空。

长孙皇后有理有据的劝导，不但化解了唐太宗的怒气，而且也使他最终改变了心意，从而免去了一场可能到来的悲剧。

以上事例共同说明，以理服人就要出言有据，事实确凿。为此，在实际应用中要注意以下几点：

1. 说理要透彻，举例要恰当

你的观点是否可信，取决于你所说的道理是否可信，你所说的事实是不是符合逻辑。这就需要在说服中针对实际问题列举一些有说服力的事实，有理有据方能被他人所接受。

2. 了解对方观点，不以偏概全

在说服他人前，要对对方所持观点的依据有所了解，客观分析，不主观地全盘否定对方，因势利导、循循善诱是整个说服过程的指导原则。

总之，以理服人，并不是有理就能服人。要别人接受你的"理"才是最重要的，要善于运用一些技巧，用真心打动他人。

找准突破点，一句话就能说服

很多人之所以不能说服别人，就是因为他们不了解对方，不知道该用怎样的表达方式。

很多人都不知道说服对方时该如何开口，尤其是当谈话的对象是陌生人，或是不怎么熟悉的人时。如果对方属于沉默寡言的人，谈话就更容易陷入冷场，气氛也可能变僵。

在说服谈话中，寻找话题是打破僵局的首选方法，寻找对方感兴趣的话题便是说服别人的突破点。但有时候，寻找对方感兴趣的话题并不容易，尤其是对他人的了解并不充分的时候。每个人的兴趣都很不一样，如有人喜欢足球，有人喜欢旅游等，每个人所关心和感兴趣的内容可以说是千差万别。

在说服的一开始就寻找对方感兴趣的地方，投其所好地展开交谈话题，这有利于加强彼此的感情。这种话题越多，对方就越有兴致，较于谈话初始阶段显得放松，此时趁机进行说服，即使对方是很顽固的人，也会很容易被说服。

有一对夫妻，太太很喜欢游泳，非常想购买带游泳池的房子。

售楼人员一眼看出了太太对游泳池的特殊喜好，于是就抓住这个重点，意欲从这个点突破。

在看房的时候，如果先生说："你看，这房子漏水。"售楼人员就会对太太说："太太，你看看后面有个多么漂亮的游泳池啊。"先生如果说:"这个房子好像在那个地方要整修一下。"售楼人员就跟太太说:"太太,你看看,从这个角度可以看到后面的游泳池。"那么,在这个时候,这个太太就会说:"对!游泳池!我对这个房子最看中的就是这个游泳池了!"

由上面的故事不难看出,一旦找到了说服对方的突破点,说服成功的概率就会很大。

在很大程度上,说服的困难在于对方根本不给你说服的机会。所以,这就需要你对说服对象有充分的了解。每个人因为经历、性格、学识、专业、环境、性别等因素的影响,心态、兴趣、为人处世等也不尽相同,要想在最短时间内达到说服别人的目的,就要在最快的时间里找到说服别人的最佳突破点。

来自各国的富翁们正在一艘游艇上,一边观光,一边开会。突然船出事了!船身开始慢慢下沉。船长命令大副立刻通知富翁们穿上救生衣跳海。几分钟后,大副回来报告说没有一个人愿意往下跳。于是船长亲自出马。一会儿工夫,只见富翁们一个接一个地跳下海去。

大副请教船长:"您是如何说服他们的呢?"

船长说:"我告诉英国人,跳海也是一项运动;对法国人,我就说跳海是一种别出心裁的游戏;我警告德国人,跳海可不是闹着玩的!在俄国人面前,我认真地表示:跳海是一种壮举。"

"您又是怎样说服那个美国人的呢?"

"太容易了!"船长得意地笑道,"我只说已经为他办理了人身保险。"

这虽然只是个笑话，但也说明一个道理，那就是要因人而异，找到对方的突破点，精心地选择说话的内容和方式。

在日常生活中要想说服某人，你就必须掌握一些说服的技巧和原则。许多人之所以不能说服别人，就是因为他们不仔细了解对方，也没想好该用怎样的表达方式就急忙下结论，还以为"一眼就看穿了别人"。这就像那些粗心的医生，对病人的病情不了解就开药方，病情自然不会得到缓解。

以下几种方法可以帮你在最短的时间内找到说服对方的最佳突破点：

1. 从对方的爱好和兴趣入手

每个人在谈及自己喜欢和擅长的事物时都会滔滔不绝，很感兴趣。所以，从这点入手打开话题，很容易就和对方打成一片，不至于冷场或中断。既可以满足对方的表现欲望、令其尽兴，又能给对方一种知音之感。这时，巧妙地提出自己的说服目的就很容易被对方所接受，从而收到很好的说服效果。

交谈时，如果能选择对方感兴趣的话题，就可能促使双方成为好朋友；相反，如果所谈的内容令对方反感，即使多年老友也会恨不能拂袖而去。因此，在说话前，最好能先了解对方的性格、兴趣，然后配合当时的气氛、实际情况和对方的心情，来调整自己的谈话内容。否则，无论你对某个话题如何感兴趣，有再多的高见，如果对方不想听，你说了也是白说。

2. 从对方的性格和心态入手

不同性格和处世心态的人，接受他人意见的敏感程度是不同的。所以，在说服对方之前，要先了解对方的性格和处世态度就显得尤为重要了。如果对方处于悲观厌世或性格变化起伏期，采用同一种说服方式，说服成效就不会那么明显。所以，应根据说服对象的性格特征和当时的心态，进行有针对性的说服。

3. 从对方的思想着手

一个人产生一种想法，绝不是偶然为之。在这个想法的背后一定有他自己的理由。这些或多或少都与自身利益或人之常情有密不可分的联系。如果能对这些原因有深入的了解，那么就能对被说服者采取有针对性的、切实有效的说服方式，对方也就不会那么固执了。

4. 了解对方的情绪

一般来说，影响对方情绪的因素有以下几个方面：一是谈话前对方因受其他事影响而引起情绪的变化；二是谈话时对方的注意力没有集中起来；三是对方对说服者的看法和态度的变化。因此，在开始说服之前，你要设法了解对方当时的思想动态和情绪状况，这是成功说服的一个关键环节。

凡此种种，都要求说服者要细心观察、用心领会，才能够在说服过程中抓住有效的突破口，对被说服者进行有针对性的说服。

制造权威，逻辑力就是影响力

如果你想让别人重视自己，就要有一些让人信任的表现。在人们的心目中，"大人物"总是比平民百姓容易让人信任。不管"大人物"出现在哪里，人们总是对他们特别信任。所以，为了使自己办起事来更为顺利，不妨做个修饰，使你自己像个"大人物"。你可以参考下面的做法：

1. 你要显得充满信心

为了使你显得出类拔萃，你可以常用肯定的表情，常微笑而不常皱眉，常开怀大笑。说话时不要吞吞吐吐，因为这让人觉得你不够坦率，欠缺潇洒。要常提对方的姓名，给人亲切感。让别人多谈自己，这是人们最喜欢的话题，对方也会因此而喜欢你。要学会尊重别人，要同情别人的困境，使别人不难堪。要学会不嫉妒别人，显示你宽阔的胸怀。会调侃自己是对自己有信心的表现。平常要多运动，使你精神饱满，头脑灵活。你还要相信自己一定会成功，不会甘心一辈子只当个小角色。要注意服饰，例如配上鲜艳的领带，配点小装饰，这些都让人觉得你很醒目。要让自己身上散发出似有似无的某种清香，例如刮完胡子后，擦点润肤水。人的嗅觉是很灵敏的，而且对人的感觉影响比较大，所以你身上若散发出某种清香，可给人留下深刻的印象。走路时要抬头挺胸，显得很自信。讲问题时可以卖卖关子，别一下捅破，让别人来问你。有条件的话学一门专长，如精通某一段历史、会演奏某种乐器。最起码你要说话清楚，别让人觉得你老是喃喃自语，也别常带口头语。

2. 要诚恳地对待别人

你要知道，实话也会伤人，所以说实话也要讲究技巧。要信守诺言，尽量不言而无信。前提是许诺要慎重，不轻易放弃原则。要有自己的见解，若人云亦云，别人不会认为你很真诚。要平等对待别人，无论是谁都要给予尊重。如果你对上司摇头摆尾，对下属却摆出一副冷面孔，人家会怎么看你？不要装模作样，这很容易被人看穿。要以本色示人，不要怕承认缺点，敢于面对自己的弱点，最易赢得别人的信赖。

3. 注意细节修饰

为了让自己更向"大人物"迈进一步，你还必须注意服装配饰等细节问题。如果一套笔挺的西装，里边却有一个脏的衣领，对方一定不会感到舒服。袜子也是一样，你坐着与人谈话时，脚会不自觉地伸出去或跷上来，袜子就会暴露在人前。如果不干净、不整洁，就会让人反感。

头发、牙齿、胡子也是应该经常修饰的部分。头发一定不要过长，否则就容易乱、容易脏。要按时理发，使自己的头发保持一个精神的式样。胡子要经常刮，牙齿要经常刷，口中不要有异味，尤其在出去谈判时一定不要吃有异味的食物。认真地对待自己的外表，也是你对对方的一种尊重。

如果你与对方谈判或谈事情时，衣衫不整、头发蓬乱，会让对方感到不舒服。对于自己的细节要时时注意，因为这些细节蕴含着丰富的内容。比如，公文包、钢笔、笔记本、名片夹、手表、打火机等最好都注意些。

总之，尽可能地采取一些措施，让自己看起来像一位很有作为的人，然后你再同别人谈事时，就有很大的把握和胜算。

获取认同感，轻松提请求

要想说好让别人认同的话，就要时刻关心对方的需要，并且想方设法地满足对方的这种需要。只有立足于对方的需要，才能说出获得对方认同的话。

假如你丢了钱包，身无分文，向路人求助时，很容易想象他们脸上惊讶、害怕甚至有点怀疑的表情。所以，如果要获得他人的帮助，必须要获得他人的认同。

亨廷顿曾指出，不同民族的人们常以对他们来说最有意义的事物来回答"我们是谁"，即用"祖先、宗教、语言、历史、价值、习俗和体制来界定自己"，并以某种象征物作为标志来表示自己的文化认同。在这里，认同不仅仅指的是文化和民族方面的认同，更重要的是信任感的认同。如果他人对你连起码的认知和信任都没有，又怎么会帮助你呢？

战国时，水工郑国受韩国派遣，到秦国探听情报，不料被秦国逮捕，准备处置。行刑前，郑国要求参见秦王嬴政。他身带重镣，被带到秦廷。秦王嬴政喝问："奸细郑国，你承认有罪吗？"郑国说："是的，我的确是韩国派来的奸细。我建议您兴修水利，确实是为了消耗秦国的民力，延缓韩国被吞并的时间。然而兴修水利，难道不是对秦国万分有利的事吗？"秦王嬴政想了想，觉得此言确实有理，郑国又说："现在，关中水利工程即将竣工，何不让我将它完成，以造福万民呢？"秦王嬴政沉吟半晌，终于同意了他的要求。在郑国的主持下，一项伟大的水利工程郑国渠终于完成了。

秦王嬴政的残暴是闻名于世的，想在他的刀口下活命都不容易，更何况得到他的支持？但由于郑国抓准了他的心理，取得了嬴政的认同，终于打动了他的心，不仅保住了性命，还得以完成了自己心目中的伟大工程。

信任感是认同的基础。如何获得他人的信任和认同呢？以下几点可供借鉴：

必须注意自我修养，善于自我克制；做事必须诚恳认真，建立起良好的名誉；应该随时设法纠正自己的缺点；行动要忠实可靠，做到言出必有信，与人交易时必须诚实无欺，这是获得他人信任的最重要条件。

勤奋刻苦，脚踏实地。夸夸其谈的人给人以不安全感，说得好不如做得好。时间一长，你的浮夸将被人看穿，恐怕肯向你伸出援助之手的人也就敬而远之了。

很多人能获得成功靠的就是获得他人的信任。今天，仍然有许多人对于获得他人的信任一事漫不经心、不以为然,不肯在这一方面花些精力。这种人可能用不了多久就要失败。

要获得他人的信任,除了要有正直诚实的品格外,还要有敏捷、正确的做事习惯。即使是一个资本雄厚的人,如果做事优柔寡断、头脑不清、缺乏敏捷的手腕和果断的决策能力,那么他的信用仍然维持不住。一个人一旦失信于人一次,别人就再也不愿意和他交往或发生贸易往来了。

人类仿佛有一种共同的心理,那就是如果有人能使我们感到高兴喜悦,即使事情与我们的心愿稍有相悖也不太要紧。求人帮助时,你要学会针对别人感情的弱点,与别人产生共鸣,只有这样,你的求助才能达到预期的结果。其实一件事情,能做的人是很多的,但有些智商水平很高的人往往却做不了,原因在于他们过于相信自己的智力,而忽略了对方的感情。

获得他人的信任,是求人帮助时必不可少的。要想做到这一点,首先一条就是要有一种令人愉悦的态度,脸上带着笑容,行动轻松活泼。如果人们从你的脸上看不到一点快乐,那么谁也不会对你产生好感。

第四章 逻辑方法对路,说服效果显著

采用迂回策略，说服也需要"绕圈子"

要说服别人，尤其是那些固执的人，与其直截了当地硬碰硬，不如采用迂回的策略进行说服。

日常生活中，要想在劝说别人中取得理想的效果，要以真诚为前提，同时还要善于动脑，讲究说服的语言艺术。尤其是当对方固执己见，别人对其的说服沟通不见效果的时候，最合适的办法就是避其锋芒，以迂为直。

在说服的过程中，不直接挑明问题，循序渐进地将道理说明白；或者，用顾左右而言他的方式，使对方最终发现问题。尤其是在说服一些重要人物时，与其直截了当提出请求，不如采用迂回的策略进行说服。

在生活中，有很多时候需要别人的帮助。当别人要拒绝你的要求时，不妨迂回绕开当时的话题，与对方巧妙周旋，然后再伺机行事，从而达到自己的目的。

劝说别人做出一个重大决定，直来直往反而"欲速则不达"。懂得说服技巧的高手，一定不会以硬碰硬，而会绕个弯子再回到事情的关键处,选择阻力相对最小的说服方法。既能避开对方的锋芒,又给了自己回旋的余地。在从容周旋、借题发挥的同时,才有可能达到自己的目的。

春秋时期,吴王要攻打荆地,警告左右大臣说:"谁敢劝阻就处死谁!"一个年轻侍从想要劝吴王,便每天拿着弹弓、弹丸在后花园转来转去,露水湿透他的衣鞋,接连三个早上都是这样。

吴王觉得奇怪:"你为什么要这样打湿衣服呢?"侍从对吴王回答道:"园里有一棵树,树上有一只蝉。蝉停留在高高的树上一边放声地叫着一边吸饮着露水,却不知道有只螳螂在自己的身后;螳螂弯曲着身体贴在树上,想扑上去猎取它,却不知道有只黄雀在自己身旁;黄雀伸长脖子想要啄食螳螂,却不知道有个人举着弹弓在树下要射它。这三个家伙,都极力想要得到它们眼前的利益,却没有考虑到它们身后有隐伏的祸患。"吴王听后若有所思,随后取消了这次军事行动。

这就是著名的"螳螂捕蝉,黄雀在后"的故事,好一个经典的迂回策略!如果年轻的侍从针对吴王的决定直接劝谏,可能会越说越僵,甚至有性命之忧。而他采取了侧面说服的迂回策略,从而达到说服吴王撤兵的结果。由此可见,说服、劝人,要讲究迂回技巧——委婉巧妙的劝说,这样往往比直谏更有说服力。

在说服他人时,采取迂回方式,一点一点引导别人。虽然可能要多走一些弯路,多废一些口舌,甚至多耗一些时间,但总比无功折返好。所以,在说服过程中,掌握迂回的说服技巧离说服别人就更近一步。

在实际的说服过程中，采用这种迂回策略往往是因为问题复杂，或因对方的身份不宜直接说服，在实际的操作过程中要注意以下几点：

1. 主题明确，迂回不离题

在用这种技巧说服中，切不可信口开河，泛泛而谈。无论怎么绕圈子，都要为你说服的主题服务。切忌在迂回中偏离主题，绕道太远，导致对方最终云里雾里，甚至觉得唠叨。

2. 说服中要坦然、自信

在迂回说服中，要做到态度坦然、自信。如果言辞闪烁、含糊，自己都没有自信，势必会引起对方的猜疑，对你产生不信任，甚至会让对方误会你说服背后的动机不纯，从而产生排斥心理。纵然在说服中对方提出的问题你不能如实答复，也不要直接否定，可以反问对方，借对方做出的选择再做回应。

3. 迂回事理避开对方所想

迂回技巧中所涉及的各种理由，尽量从一个他认为不可能的地方进行突击，这就有可能让对方的思维、判断脱离预定轨道，这样说出来的话才有分量，才能引起对方的注意。

在说服别人时绕个弯子巧妙地表明自己的态度，有时比直接提出自己的要求更能让人接受。

环环相扣，设计逻辑线把理说透

运用层层递进的说服技巧，依赖于说服者对人生、世事的透彻领悟和理解。由点及面，层层递进地向被说服者渗透自己的观点和内容，给对方一个接受新观点的心理缓冲过程，进而心悦诚服地接受你的观点。

一个人的思想是复杂的，对某一事物不理解、想不通时，往往就会顾虑重重。因此，你在说服那些不能一点就通的人时，就要采用层层递进的方法，把道理一层一层地说明说透，从而消除被说服者的顾虑，进而收到理想的效果。

《战国策·或谓韩公仲》讲述了这样一个说服的故事：

有人游说韩国的公仲："双胞胎长得很相似，只有他们的母亲能分辨出他们；利与害表面上也很相似，只有明智的人才能分辨清楚。现在您的国家利、害相似，正如双胞胎长得相似一样。能用正确的方法治理国家，就可以使君主尊贵，身心安稳；否则，就将让君主卑贱，身陷危境。

"如果秦、魏两国联合成功，却不是您来促成的，那么韩国一定会遭到秦、魏两国的谋算。如果韩国跟随魏国去讨好秦国，韩国就成了魏国的附庸，必将受到轻视，君主的地位就降低了。秦国和韩国友好以后，秦国一定会安置它所亲近的、信任的人，让他在韩国执掌政权，以此巩固秦国的势力。这样，您就危险了。如果您和安成君帮秦、魏联合，成功固然是福气，就算不成功也是好事。秦、魏两国联合成功，而且是由您来促成的，韩国就成了秦、魏两国往来的通道，韩国的地位肯定会得到提高，君主也会更受尊重。安成君在东面受到魏国的重视，在西面得到秦国的尊崇，掌握着这样的优势，可以替您向魏、秦两国的君主索取好处，将来分封土地，成为诸侯，这是您头等的功业。

"再说，秦魏两国不可能长期友好下去。秦国恼怒得不到魏国，必然会亲近韩国以便遏制魏国。魏国也不会永远听从秦国，一定设法和韩国修好来防备秦国。这样您就可以像选择布匹随意剪裁一样轻松应付。如果秦魏两国联合，那么两国都会感激您；如果不能联合，那么又都会争着讨好您。这就是我所说的成功了是福气，不成功也是好事的道理，希望您不要再犹豫了。"

这位说客能深刻把握形势、洞见事情发展趋势，而且游说时由双胞胎说起，层层递进地把利害关系和各种情况分析得透彻、明了，最后的结论不证自明。

我们在说服他人时，切忌把大道理满堂灌，这样既无人愿听，也让人无法消化。采取这种方式说服时，要保证说服过程中的连贯性、系统性，确保能把整个道理衔接贯穿起来。

很多时候，如果你直接提出自己的观点，生硬地想要对方认同，往往会让人产生排斥的情绪，很容易遭到拒绝。而采用由小到大的幅度，层层递进地说服，则很容易为对方接受。

在隋朝侯白的《启颜录》中有个"官学狗叫"的故事：

侯白在没有做官前，住在家乡，虽然没什么名声，但锋芒已初露。当地的地方官刚到任时，侯白便去拜见。回来后他对几个朋友说："我能让新来的官学狗叫。"

朋友不信，反驳说："哪有官老爷听别人的摆布学狗叫的？你若真能做到，我们请你喝酒；若不能，你就请客。"侯白答应了。

于是，他们一起到衙门去。侯白进去见官，朋友们在门外看着。官说："你又来见我，有什么事吗？"

侯白答道："您刚到此地，民间有些事情，要向您请示。您到任之前，此地盗贼甚多，我建议您下令让百姓各家养狗，让它们见了生人就惊叫，这样盗贼自然便会平息。"

官问道："如果这样可以的话，我家也须养条能叫的狗，但是到哪里去弄这样的狗呢？"

侯白回答说："实不相瞒，我家倒有几条新养的狗，只不过它们叫的声音与别的狗有些不同。"

官问道："它们叫出什么声音来？"

侯白答道："它们'呜呜'地叫。"

官摇了摇头，认真地说："你不懂狗，好狗应当'汪汪'地叫，'呜呜'叫的，都不是善叫之狗。"

侯白的朋友们在门外听了，皆掩口而笑。

侯白看到自己已经赢得了一桌酒席，便对官说："我知道了。以后我一定要出去寻访善叫的狗。"说完便向官告辞。

如果侯白直接让新官员学狗叫，不仅达不到目的还会惹怒对方。而他运用层层递进的方法步步深入引导对方，并最终达到了让官学狗叫的目的。

层层递进是一种说服他人的有效方法，但在使用时要注意以下两方面的技巧：

1. 准确掌握对方心理，主动出击

每个人的内心深处或许都隐藏着一扇没有打开的大门，如果多想办法从对方比较容易接受的观点着手，因势利导，层层深入地展开道理论证，那么对方的大门就很可能被打开。

层层递进必须准确掌握对方心理，主动出击，从对方比较容易接受的观点着手，因势利导，层层深入展开论辩。

2. 层次分明，不偏离主题

在使用层层递进法时，要注意"层层"，即一定要循序渐进，不要省略任何环节，不能跳跃式递进。始终针对所谈之事，由小到大，由浅入深，始终向实质性问题这个方向靠近，不可偏离。

总之，说服他人时，实质讲清楚，条理讲清晰，内容讲透彻。只有分清层次、循序渐进，才能便于领会理解和消化吸收，达到说服的目的。

言语引导，牵着对方的思维走

在社交活动中，每个人都会有有求于人的时候。怎样才能顺利达到目的，而不至于被对方拒绝呢？很多时候，央求往往没有婉求的效果好，劝导没有引导的方式更容易使人接受。

在我们办事的过程中，总会遇到一些不肯合作的人。如果使用强硬的手段，不但解决不了问题，还很有可能把关系闹僵。对于这种情况，最好的方法就是有次序地、耐心地引导对方思考，将对方引入你设定的情景，然后提出你的要求，这样会使你的要求成功达到目的。有这样一个故事：

一天，有位老太太要买李子。老太太来到一家水果店，问店主："你店里有李子卖吗？"店主马上迎上前说："老太太，买李子啊？我这里的李子有酸的也有甜的，您想买哪一种？""酸的。"店主一边称酸李子，一边搭讪道："一般人都喜欢甜的李子，可您为什么要买酸的呢？"老太太回答说："儿媳妇怀上小孙子啦，特别喜欢吃酸的。""恭喜您老人家了！您儿媳妇有这样的好婆婆真是福气。不过孕期的营养很关键，经常补充些猕猴桃等维生素丰富的水果，对宝宝会更好！"

这样，老太太不仅买了李子，还买了一斤进口的猕猴桃，而且以后经常来这家店里买各种水果了。

从这则小故事中不难看出，这位店主不仅满足了老太太的一般需求，而且还引导老太太发现自己的新需求，使老太太产生了持久购买的兴趣，从而达到自己销售水果的目的。

由此可见，当你有求于人的时候，与其央求他，还不如用赞美的话去委婉地引导他。从对方的利益考虑，适时地提出与之相关的请求时，他会比较感兴趣，拒绝你的可能性是最小的，你的要求达成的概率是最高的。

求人不会事事如愿，有些事在自己未争取之前就已经明确了对方不肯允诺的态度，此时就应采取婉求和引导的办法。

婉求与引导都是以柔克刚的说话的艺术，婉求和引导别人的最大特点就是含而不露或露而不显。许多事直来直去很难达到目的，不如先引起别人的兴趣，绕个弯儿或许效果会好些。

有一个寓言故事：

有位车夫拉车上桥，坡很陡，走到半路实在拉不动了。他急中生智，用力顶着车把，放声歌唱起来。听到他这么一唱，前面的人都停下来观察他，后面的人想看看究竟发生什么事了，几步走过去追上他。

而车夫则趁着这个好时机请求大家帮着推车，于是大家一齐用力，车就这样被推上了桥。

这位车夫原本是求人帮忙，如果直接央求大家推车，大家可能会因各自忙于赶路，很难达成这个愿望。而用唱歌绕开推车的事情，当大家都停下来，围在自己周围，那他真实的目的也就达到了。这种求人的方式不露声色，浑然无迹。

由上面的例子不难看出，央求不如婉求，劝导不如引导。而婉求和引导的关键就在于学会运用一些婉转的方式，说一些婉转的话。要"引"得巧妙，"导"得自然，可以从以下几点做起：

1. 明确目的，有的放矢

所有的引导内容都应紧密地为目的服务。要做好这一点，就应该从了解对方的心理着手。在弄清对方的真实想法后，顺着对方的心思，围绕自己的目的，委婉地提出自己的请求。

2. 循序渐进，层层深入

引导不能急于求成，而应采用由小到大、层层深入的方法。先从容易完成的事入手，这样就可以一步一步地削减对方的防范心理，促使对方的态度一点一点地发生改变，就这样由小到大地逼近预定目标，最终就会很愉快地达成你最初的愿望。

3. 深思熟虑，随机应变

在和他人正式谈话前，要认真构思，事先把各方面的环节想清楚，对方可能会怎样应对应有所预料。谈话中又要针对实际情况，随机应变。最终使对方认同自己的观点，从而营造一个合适的氛围，使对方最大可能地满足你的需求。

总之，要想达到求人的目的，就要学会运用一些婉转的方式，说一些婉转的话，它会使你事半功倍，同时也很好地体现出你的语言能力。用婉求、引导的技巧说服人，往往是一种与人合作的聪明的策略。

铺垫语境，逻辑严密无懈可击

向领导提出请求，切忌直来直去，那样多半会碰钉子。最好的方法，就是在合适的时间、合适的地点，以婉转、礼貌的语言把自己的意思表达出来。

在职场生活中，难免有向领导提出请求的时候，比如"加薪""调职"，永远是职场里最常遇到的问题。如何巧妙地让领导答应自己的请求，是每个职场人士都应掌握的。

无论一个人的先天条件如何优秀，工作如何努力，单凭个人力量也解决不了所有的问题。如果遇到以上所说的情况时，除了领导自己有这个意愿之外，大部分时候还需要自己勇敢地提出，并想办法让领导明白自己这一要求并不是无稽之谈，从而让领导发自心底地答应自己的请求。想要做一个事业有成的人，就要在成功的道路上掌握这种向领导提出要求的技巧。

小孟毕业后在一家消费品公司工作，那是他的第一份工作，所以也就格外珍惜。在平时的工作中大家都看得到他的努力，老板对他的工作也给予肯定，多次在会议上表扬他，却从没有提过给他加薪的事。

一次偶然的机会，小孟得知和他一起进公司的同事的工资早已高出自己一倍，但是他的工作并未见得比自己优秀多少。小孟的心理很不平衡，于是就找到老板开门见山地表达了自己的不满，并要求老板给自己加薪，否则就辞职。

老板并没有理会他的要求，小孟对工作也失去了热情，开始敷衍应付起来。一个月后，老板把小孟的工作移交给了其他员工，大概是准备"清理门户"了。小孟也觉得再做下去没有什么意思，赶紧递交了辞呈。

在接下来的一份工作中小孟依然很努力，连续几次在部门的成绩考核中排名靠前，但薪水依旧没有增加，小孟准备再次向老总提加薪的要求。经过上次的经验，小孟痛定思痛，认真总结了一下，准备再一次向老总提出加薪。

有一天，他经过老总办公室，发现老总一个人在办公室看报，敲门走了进去。

见他进来，老总知道他肯定是有事情，示意他坐下后，问他："小孟，有什么事情吗？"

"×总，我有个小小的请求，不知您是否会答应。"他面带笑容地看着×总。

"什么请求？说说看。"

"我想听一下您对我最近的工作的看法，"小孟说，"工作了这么久，肯定会有些不足，所以我想让您给予指正，以保证我在以后把工作做得更好。"

"你最近表现整体来说还不错，如果能在办公室再积极一些、主动一些就更好了。"老总笑着说，"你还是个挺不错的小伙子。"

"×总，如果我做到这些之后，您是不是就考虑给我加薪了啊?"小孟半开玩笑地说。

"嗯,如果你能做到,我就会考虑给你加薪。"老总也笑着说。

"谢谢×总。"小孟说完礼貌地告辞了。

从此以后,他不仅把自己的工作做好,还尽量帮助同事,适当加班。这样经过一个工作阶段后,他做了一份工作报告交给了老总。这一次,他除获得了加薪,还获得了升职。

从这个故事中不难看出,小孟第一次表现也很不错,但加薪的要求不但被拒绝,还因一时之气丢了工作。第二次,他改变了提加薪请求的方式,委婉、含蓄地向领导表达出加薪的意思,不但达到了自己的目的,还被领导升了职。

由此可见,如何向领导提出请求是一门艺术,如何掌握这门艺术,让自己的请求不被拒绝,成功地获得领导的首肯,是每个职场人员都希望知道的。具体如何做才能巧妙地让领导接受自己的请求,一起来总结一下:

1. 要换位思考

在向领导提出请求之前,先换位思考一下,如果自己处在领导的位置,自己提出请求的理由是否能够顺利说服自己。从领导的角度来考虑,什么样的说话方式才更容易接受。如果自己的理由不足以说服自己,就要思考周全后再向领导提出。否则,不但达不到自己的目的,还会破坏领导对自己的好感。

2. 提出的请求一定是与自己工作相关的事情

在职场中向领导提出请求,一定要注意不能借自己之口表达第三人的意思，这不但不会达到预期的效果，还会引起领导的反感，甚至会误会你在借此拉拢同事，对你处处防范。因此，向领导提出请求的内容一定要与自身工作相关，领导才会根据你的实际情况酌情考虑。

3. 向领导提请求要选择恰当的时机和表达方式

和其他场合说话一样，向领导提出请求也要把握一定的时机。在领导心情较为愉悦或工作稍微空闲的时候提出，往往比贸然提出请求成功的概率要大。另外，要特别注意表达方式。语气要委婉、含蓄，不能直来直去、单刀直入；也不可要求领导马上点头，给领导留有一定的思考余地，也给自己留点余地。成则成，不成再寻机会。

层层细化，从逻辑思维到逻辑说服

笋在成为竹子之前，是有多层外皮包裹的，剥笋时总得一层层地剥开，才能剥到所需要的笋心。所谓"层层剥笋"，就是在说服他人的过程中紧扣主题，从一点切入，由小至大，由远至近，由浅到深，由轻到重，逐层展开，直至揭示问题的本质，进而达到目的的说服方法。恰当地运用层层"剥笋术"，可使我们的论证一步比一步深化，增强我们语言的说服力量。

孟子觉得齐宣王没有当好国君，于是对齐宣王说："假如你有一个臣子把妻子儿女托付给朋友照顾，自己到楚国去了，等他回来时，他的妻子儿女却在挨饿、受冻，对这样的朋友该怎么办呢？"

齐宣王不知道孟子的用意，于是非常干脆地回答说："和他绝交！"

孟子又问："军队的将领不能带领好军队，应该怎么办呢？"

齐宣王也觉得问题太简单，于是以更加坚定的口气回答："撤掉他！"

孟子终于问道："一个国家没有治理好，那又该怎么办呢？"

齐宣王这才明白了孟子的意思——国家治理不好，应该撤换国君。虽然齐宣王不愿接受这种观点，但是在孟子层层剥笋的巧妙言说之下，也只有忍了下来。

复杂难说的事要由浅入深地论证说明，假如孟子一开始就提出第三个问题，齐王肯定要发怒。我们在劝说别人的时候可以使用这种方法。

战国时期，说服秦王破六国合纵从而兼并天下的张仪采用的也是层层剥笋的方法，秦王才有了趁胜统一中国的决心。

张仪认为秦国缺乏远大的战略眼光，不能抓住大好战机，穷追猛打，使山东诸侯得以喘息，卷土重来，合纵攻秦，以致出现六国"当亡不亡"、秦国"当伯（霸）不伯"的局面。为了促进秦国统一中国的大业，张仪向秦昭王献策说："我听说，天下诸侯——赵与北方的燕、南方的魏，联合楚、拉拢齐，又纠集残余的韩，结成了合纵的局面，将要向西来与秦国对抗，我私下里讥笑它们不自量力。世上有3种导致灭亡的情况，而山东六国都具备了，大概说的就是它们的合纵吧！我听人说：'混乱的国家去进攻安定的国家，就会灭亡；邪恶的国家去进攻正义的国家，就会灭亡；倒行逆施的国家去进攻顺天应人的国家，就会灭亡。'现在六国的财物不足，粮仓空虚，它们即使出动全部的士民，扩大军队至几十万、上百万，临战之时，前面有敌人雪亮的刀剑，后面是自己一方斩伐逃兵的斧质，可是士卒还是纷纷后退不肯死战。不是他们的百姓不能死战，而是六国的君主不能够使百姓死战。该奖赏的不给奖赏，该处罚的不处罚，赏罚都不能兑现，所以百姓不肯拼死作战。

"现在秦国颁发号令，施行赏罚，有功无功都视其业绩而定，没有偏私。秦人虽说从小生活在父母的怀抱之中，生来是不曾见过敌寇的，但是一旦听说打仗，便跺脚脱衣，踊跃参战，冒着敌人的刀剑，踏过地上的火炭，决心拼死，勇往直前的人到处都是。决心拼死和贪生怕死是不同的，秦国士民能做到决心拼死，是因为秦国提倡勇敢。因此，一个可以战胜十个，十个可以战胜百个，百人可以战胜千人，千人可以战胜万人，万人就可以战胜天下诸侯了。现在秦国的土地，截长补短，方圆数千里，威名远扬的军队数百万，再加上秦国号令赏罚严明，地理形势有利，天下各国没有哪个比得上。凭借这些有利条件对付天下诸侯，统一天下是很容易的。由此可知，只要秦军出战，没有不获胜的，进攻没有不能攻下的，抵挡的敌人没有不被打败的。按说一战就可以开拓国土几千里，可以建立很大的功劳。可是眼下军队疲惫、百姓困苦，积蓄用尽、土地荒芜、粮仓空空，周围的诸侯不肯臣服，霸王的名声没有成就，这没有别的原因,是因为谋臣没有尽忠的缘故。

"而且我听说,'诚惶诚恐,小心戒惧,就能一天比一天谨慎'。只要做到谨慎地选择达到目的的途径,就能够统一天下。怎么知道是这样呢?从前,纣做天子,统率天下百万将士,向左饮水于淇谷,向右饮水于洹河,淇谷的水喝干了,洹河的水也不流了,用这样众多的军队和周武王对抗。武王率领穿着白色盔甲的三千将士,只经过一天的战斗,就攻陷了纣的国都,活捉了他本人,占据了他的土地,获得了他的人民,而天下的人没有谁为纣哀伤。智伯统率智、韩、魏三家的军队,到晋阳去攻打赵襄子,挖开晋水淹晋阳,历经三年,晋阳将要陷落了。襄子派遣张孟谈暗中出城,策动韩、魏毁弃与智伯的盟约,得到两家军队的配合,去攻打智伯的军队,捉住智伯本人,成就了襄子的功业。

"我冒着犯死罪的危险,向您进献的方略可以用来一举拆散诸侯的合纵,攻下赵国,灭亡韩国,使楚、魏称臣,使齐、燕来亲近,使您成就霸王之业,让四邻诸侯都来朝拜秦国。假如大王听了我的主张,一举而诸侯的合纵不能拆散,赵国不能攻下,韩国不被灭亡,楚、魏不来称臣,齐、燕不来亲近,您霸王之业不能成就,四邻的诸侯不来朝拜,大王就砍下我的头在全国示众,把我看作替大王谋划而不尽忠的人吧!"

张仪的陈词慷慨激昂,逻辑严谨,秦王因此被说动,为天下的大一统拉开了序幕。

运用"层层剥笋"法进行说服,需要在说服前,把论证方案设计得环环相扣，天衣无缝。如此一来，对方才有可能在我们的说服过程中"束手就擒"。

制造悬念，完成从NO到YES的心理征服

对于自以为是的人，要说服他，最忌正面交锋、针锋相对，这样不但不能达到预期的目的，反而会激怒被说服者，使其更加坚守自己的观点。要说服这种人，应该先巧妙地制造悬念，通过卖关子来吊对方的胃口，使对方的坚持情绪松弛下来，把他的好奇心诱发出来，在解释悬念的过程中，可用简单的事理或推论证明对方的错误性，从而让其改变观点。

某建筑公司的李工程师，有一次说服了一个刚愎自用的人。有一个工头，他常常坚持反对一切改进的计划。李工想换装一个新式的指数表，但他想到那个工头必定要反对的。李工去找他，腋下挟着一个新式的指数表，手里拿着一些要征求他的意见的文件。当大家讨论着关于这些文件的事情的时候，李工把那指数表从左腋下移动了好几次，工头终于先开口了："你拿着什么东西？"李工漠然地说："这个吗？这不过是一个指数表。"工头说："让我看一看。"李工说："你不用看的！"并假装要走的样子，说："这是给别的部门用的，你们部门用不到这东西。"但是，工头又说："我很想看一看。"当他审视的时候，李工就随便但又非常详尽地把这东西的效

用讲给他听。他终于喊起来说:"我们部门用不到这东西吗？糟糕，它正是我想要的东西呢！"李工故意这样做，果然很巧妙地把工头说动了。

制造悬念时，你还可以让自己的言行，有多种可能的含义。然后，引导对方的注意力在一种含义上固定下来，即为对方设下陷阱，使对方产生错觉。最后突然向另一种含义上转去，情境的对转，使对方突然产生期待的失落，从而产生了强烈的戏剧性效果。

把握时间逻辑，抓住说服时机

时机对于说服者来说非常宝贵，你必须知道对方当时处于何种精神状态。

俗话说："趁热打铁。"说服他人也是这个道理。一个人说话的内容无论多么有哲理，若时机掌握不好，也无法达到说服的目的。因为对方的想法和观点往往会随着时间的变化而变化。

如果想让对方愿意听你的话或者接受你的观点，就应当选择恰当的时机把道理讲给他听。抓住了最佳时机，一语值千金，事半功倍；反之，你说再多也无用。正如一个运动员，如果他在大赛中没有把握住那"决定性的瞬间"，即使平时训练成绩有多好，动作有多标准，金牌仍会与他失之交臂。

秦始皇去世后，丞相李斯受赵高的蛊惑，和赵高一起假造圣旨，害死了公子扶苏，把胡亥推上了皇位，也就是秦二世。胡亥继位后，赵高日益受到宠信，地位不断升高。但李斯身处丞相之职，赵高觉得他对自己的地位构成了威胁，便一直寻找机会除掉李斯。

秦二世执政十分荒唐，整日沉迷于淫乐，不理政事。李斯身为丞相，觉得应该劝谏一下，但是，由于秦二世不理朝政，李斯根本找不到机会。于是，李斯找到赵高，想让他想办法。赵高一口答应了下来。

时隔不久，赵高就告诉李斯，说皇上在某某宫，你可以去找他。李斯谢过赵高，找到了秦二世。当时秦二世正在和嫔妃、宫女玩乐，看见李斯来很扫兴，大怒，呵斥他下去。从此，李斯彻底被冷落。

其实，这正是赵高的奸计。他有意在秦二世玩得正开心的时候让李斯去进谏，说一些让秦二世不高兴的话，秦二世能不恨李斯吗？

说服他人能否成功，是受多种因素制约的。其中，能否抓住说服的最佳时机，是至关重要的，你应该把握时机并努力抓住它。

因此，在说服他人的时候，不是时候，不到时机，有些话是不能说的。说了，反而会带来不必要的麻烦。也就是说，要把握说服的时机。

在说服对方的过程中，正确把握说服时机，就要特别注意把时机选在对方情绪比较亢奋的时候。当对方不高兴的时候不要开口，可以等他心情好的时候再谈。只有这样，才能达到更好的说服效果。

一般来说，要想说服他人，最好把握住以下几个方面：

1. 把握好"生物时间"

从心理学观点来看，每个人的情绪都可能受到一种所谓的"生物时间"的支配，每当黄昏时分，人的精神就比较脆弱，容易被说服。

一些人会因劳累、遇到不顺心的事或正在把注意力集中在其他事情上时，没有心情来听你说话。所以，在开口说话之前，应先观察对方的脸色和当时的氛围，然后再决定是否要开口或应该讲什么内容。

2. 要了解被说服对象的习惯和性格来考虑开口的时机

在开口之前要对被说服对象有所了解，包括对方的生活习惯和性格。如果事先对这些不做了解，触到对方忌讳的习惯或碰到对方情绪不好的时候，不但达不到要说服的效果，而且会因此引起对方的不快。就如上面故事里的李斯丞相虽是抱着尽忠的心，却最终被秦二世所冷落和排斥，得不偿失。

3. 对于初次拜访的人应视会面的具体情况考虑说服时机

在与对方会面时，应善于观察，从会面场合的摆设或环境开口，以求了解对方喜好或对方当时的心情以及是否空暇等基本情况。再从这些反馈中决定是否开口说服。换言之，如果从旁敲侧击里得出对方对自己所持的想法或目的暂时没兴趣的话，就要给彼此留有再会面的余地，以寻求再次说服的机会。

4. 运用竹子定律

台风扫过热带地区时，竹类植物能逃脱厄运而不受损伤。竹子只是弯曲下来，一旦风暴吹过，竹子便会弹回原位。

用竹子的这种方法非常有效，因为它使抵制泄了劲，而你所要求的变化却还保留下来且毫无变化。现在来看看竹子战术如何对付更激烈的言辞和其他抵制办法，并且平静地实现变更。

你可以说："也许我不能总是做到应有的敏感。如果你在中午前完成这项目，那我将乐意……"

"在有些场合我可能脾气很坏。这是我的建议。如果……那么……"采用"也许""可能"及"在某些场合下"等词，使你在不完全同意的前提下表示听到了对方的回答。

虽然以上几方面并不是任何时候都能正确评估听众的心理状态，但如果了解了说服最有利的条件，并把握好陈述的时机，对你的说服会有所帮助。

第五章 高效的逻辑说服术,左右对方的思考和行动

脑袋里斗智，嘴巴上斗技

我们在与人交谈中，常有这样的体会，有时费了半天口舌，结果对方仍然坚持自己的想法，无法理解你的观点。利用类比的方式劝说对方，能够产生共鸣，在心理上拉近彼此之间的距离，有利于说服的成功。

因为人一旦固执己见就容易自以为是，尤其是沉醉其中或心灰意冷的时候，往往很难听进别人的劝告。而类比说服即寻找与交际话题具有类比意义的事物兜圈子，把较为简单的事理与复杂的事理两相比照，语义明晰，或令对方自悟，或者稍加点化。

郑板桥早年家贫，一年除夕赊了一只猪头，刚下锅，却又被屠户要了去转手卖了高价。为此他一直记恨在心，直到后来到山东范县做官，还特别规定杀猪的不准卖猪头，自己吃也要交税，以示对屠户的惩罚。

夫人闻之，感到不妥。一天，她捉到一只老鼠吊在房里。夜里老鼠不住地挣扎，郑板桥一宿没睡好觉，满肚子的怨气。

夫人解释说她小时候好不容易做了件新衣裳，被老鼠啃坏了。

郑板桥听后笑了:"兴化的老鼠啃坏了你的衣装,又不是山东的,你恨它是何道理?"

夫人说:"你恨的不也是范县的屠夫吗,为何对山东的屠夫如此苛责呢?"

郑板桥恍然大悟,随吟诗一首:贤内忠言实难求,板桥做事理不周。屠夫势利虽可恶,为官不应记私仇。

这个故事里郑板桥夫人通过拿"老鼠咬破裘衣"的事情和郑板桥恨屠夫曾经做过的事情做类比,画龙点睛的提醒,让郑板桥恍然大悟,从而达到说服郑板桥的目的。由此可见,在说服中运用这种方法,因其简明直观,往往一下子就能打动人心,使对方信服。

要使对方弄明白或认同自己的观点,说服对方,增强自己的说服力,最理想的方法是运用类似的事例或行为,有意识地比较并做深入的解释给对方听,使对方警醒,从而改变原来的态度或观点。

战国末年,楚国的顷襄王经常听到有人说宋玉的坏话,于是就把宋玉招来,当面问他:"先生恐怕是有一些行为不够检点的地方吧?不然,为什么各个阶层都有人对你不满呢?"

聪明的宋玉一听这话,知道大事不好,灾难就要临头了,赶紧伏在地上,诚惶诚恐地说:"是的,大王说的也许都是事实。但我还是请大王能够宽恕我的罪过,容我把话说完。"

顷襄王答应了宋玉的请求,宋玉就讲了一个故事——在先王的时代,有位歌唱家来到楚国的郢都,当他开始演唱通俗歌曲《下里》和《巴人》时,有几千人聚在一起随声和唱;接下来他唱起了民谣《阳阿》和《薤露》,这时能跟着和唱的还有几百人;最后他唱起了高雅歌曲《阳春》和《白雪》,这时还能跟着哼哼的就只剩几十人了;而当这位歌唱家将五音的美妙发挥到了极致,创造出了一种悠扬婉转、令人陶醉的意境时,仍能欣赏和跟唱的就只有几个人了。请问,这是什么原因呢?它说明歌曲越是高雅深奥,能跟随和唱的人就会越少。

故事讲完之后,宋玉偷眼看了一下顷襄王的神情,只见他若有所思,频频点头。宋玉心里有底了,于是放开胆子,高谈阔论起来——所以呀,在鸟类中有凤凰,在鱼类中有大鲲。凤凰振翅高飞,可达九千里云天,那些在篱笆间跳跃的小鷃,又哪里能像凤凰一样知道天高地大呢?大鲲清晨从昆仑山脚出发,中午来到渤海湾的碣石处晒太阳,傍晚又到孟诸湖去歇息,那些只会在小水塘里打滚的小鲵,又怎么能像大鲲这样探测江阔海深呢?

其实,岂止是在鸟类中有凤凰,鱼类中有大鲲,人类中不也有一些特殊的人物吗?他们美好的思想和行为都超出一般民众,那些凡夫俗子,又怎么可能理解他们的所作所为呢?

宋玉的这番辩解,终于使顷襄王改变了对他的看法,并因此避免了一时的祸患。高明的说客常常采用类比的手法,用事实充实大道理,联系实际把道理讲明。

运用类比说服时要用属性尽量相似的事例,说服才明显有效。因为共同的属性越多,结论的可靠性越高;相同属性与类推属性之间的关系越密切,结论的可靠性也越大。类比法常常使我们能够举一反三，触类旁通。但在表述上要把握住分寸，不可绝对化。

在日常的社会交际中，如何才能巧妙地运用类比说服法，具体有以下四点：

1. 类比事例要恰当

用类比说服，不能随便拿一个事例来与对方的行为做比较，只有运用恰当的类比，说服才能达到效果。比如，有个人因与女朋友分手准备在报上登个短篇声明，其朋友知道后欲劝他打消这个念头，于是就说："你和女朋友分手是私事，不应大肆宣传。就像平常我们去厕所一样是私事，就不去宣传……""你的爱情才是上厕所呢。"不等朋友说完，对方就急了。这就是类比不当，不但达不到说服目的，甚至导致彼此反目。

2. 可用对方所熟知或曾经历过的事例

如果用对方熟知的或经历过的事情做比较，则更能取得较好的说服效果。人们可能在较长的时间后忘记曾经的失误，但是，因失误带来的挫败感却很难遗忘。因此，如果对方在类似的事情上曾经失误过，只要你稍一提及，对方应该会重做考虑的。

3. 用大众所知的事实进行类比

如果对方不太容易接受别人的劝说，那么可以选择众所周知的事实进行说服劝导。俗话说："耳听为虚，眼见为实。"对于发生在自己身边的故事一般都不会抗拒，因此这样可能更具说服力。

4. 运用类比时切忌伤害对方自尊

当对别人进行说服时，不应直接指出对方观点中的错误，采用和对方观点相似的做法去说，从而在达到说服对方的同时又保全了对方的尊严。

总之，在运用这种技巧说服别人时，一定要选用生动的例子，深入浅出，这样才能更好地说服对方。

点到即止，让说服产生更大影响力

把话说到点子上，才能起到关键性的作用。

当今社会生活节奏加快，很少有人愿意听你长篇大论地讲个不停。要想说服别人又不被他人反感，就需要用简洁、精辟的语言来抓住问题核心，一语中的。那些拖泥带水的空话、套话是人们非常讨厌的。所谓话不在多，管用就行。

俗话说："花钱花到刀刃上，敲鼓敲到点子上。"无论对方是谁，只要你能把话说到点子上，对方就会轻松明了。但在现实中，有些人生怕对方听不懂，翻来覆去地讲一个道理，结果适得其反。

话并不是说得越多越好，也不是无论怎么说都能给自己带来好处。如果一味地说，但说不到点子上，只会事与愿违。因此，我们在试图说服他人时，应该针对实际，把握要讲的内容，简洁、准确、明晰地"点到"，同时又要注意留下充分思考的时间，让对方去领悟、消化。

齐国有个大臣叫淳于髡，他生得很矮小，但很有口才，非常幽默风趣。他每次出使诸侯国，都能顺利完成任务，是齐国的外交人才。他看到齐威王通夜喝酒，不理政事，政治混乱，国势危急，心中十分着急，但又怕得罪君主，于是便用隐语进谏。他对齐威王说："我们国家有一只大鸟，三年不飞也不鸣。大王，你知道是什么道理吗？"齐威王立刻意识到淳于髡是在用大鸟比喻自己，说他待在宫里，百事不管，毫无作为，于是回答说："此鸟不飞则已，一飞冲天；不鸣则已，一鸣惊人。"齐威王从此便振作起来。

淳于髡的劝谏收到了奇效，促使齐威王下定决心，变法图强。他上朝召集各县县令共七十二人，奖励了一个，处死了一个，整顿了内政，并整肃军威准备迎战诸侯国。各诸侯国都很震惊，纷纷归还了侵占齐国的土地。

淳于髡并没有和齐威王大讲诸侯并侵、国人不治，内忧外患的种种场面，而只是用几句隐语点醒齐威王，明确地示意齐威王要励精图治，这样使人更容易信服。

一个真正能说服别人的人，往往思维灵活，善于借物寓意，懂得从与别人不同的角度切入话题，准确地表达自己的意思，使得听者在心领神会后，从心底里认同，而且还给对方留下利索、干脆的印象。所以，说服别人的关键不在于你能不能说，而在于你会不会说，能不能用简短的话打动对方。

很多时候，有的人喜欢长篇大论、东拉西扯，想用多方位的语言打动听者的心，虽然显示了个人的语言天赋，但是却让人云里雾里，甚而产生烦躁的情绪，很难达到说服的效果。正所谓打鼓要打到点子上，说话精练，使听者在较短的时间里获得较多的信息，使对方为之震动、幡然醒悟，你的说服效果就达到了。

如果你想给别人留下很深的印象，就要懂得话说三分，点到为止，为自己留有余地。由此可见，少说话往往比喋喋不休更有力量。在社交场上，要想说服别人，话不在多而在精，在于力度和渗透力。

因此，在说服别人时，你不妨话说三分留七分，点到为止。这往往比翻来覆去讲效果要好得多。

惊人一语，胜过滥言千句。在说服别人的过程中所需要的恰恰是惊人一语。但把话讲短，讲到点上，也并非易事。它需要技巧，只有掌握这个技巧，才能在说服别人的时候无往而不胜。

1. 语言表达要清晰，不重复表述

在和对方交谈的时候，言辞能表达出自己的意思，并且能每句话都有道理，不要反复强调你的好意，适当地留一点空间给对方慢慢地品味。如果你词不达意，乱说一通，不能把握重点，最终好话也就变成空话了。

2. 把握时机，给他人留面子

说服别人时要因时而异，择机而言。时机未到不可早说，话出口前，要三思而后言。词句要中肯恰当，既能明确自己的意思，又能维护当事人的颜面。

总而言之，言有尽而意无穷，让别人悟出你话中有话。话不在多点到为止，这不失为一种智慧，既保全了对方的面子，又打动了对方的心。

"爱听好话"是天性，"具体夸奖"效用大

赞美别人区别于阿谀奉承、讨好卖乖之类的庸俗言行，它必须是针对对方的实际，把好话说圆，给人以真诚感，令对方心悦诚服。因此，它是人际交往中一种常用的说服技巧，如果运用得当，对促进人际交往会有意想不到的效果。

人人都希望被尊重、被夸赞。要想改变一个人某方面的缺点，你要表示出他已经具有这方面的优点了，那么他就会顺着这个观点往好的结果行事。如果你想说服一个人改变自己的想法，就应先肯定对方想法，给对方一些赞扬，此后他会格外珍惜这份肯定，从而会不断激励自己做得更好。

有位太太想聘用一位家政人员，便打电话给那位家政人员的前任雇主，询问了一些关于她以前的情况，可得到的评语却是贬多于褒。等到家政人员报到的那一天，那位太太说："我打电话问了你的前任雇主，她说你为人老实可靠，而且还煮得一手好菜，唯一的缺点就是理家比较外行，家里弄得不太干净。我想她的话并不能完全相信。看你穿戴那么整洁，人人都可以看得出你一定会把家弄得和你一

样整洁、干净，并照顾得井井有条。相信你同我也能相处得很好。"

事实证明，她们相处得的确很好，家政人员真的把家整理得干干净净，整整齐齐，而且还非常吃苦耐劳。

你若要在某方面去改变一个人，就把他看成他已经有了这种杰出的特质。莎士比亚曾说："假如他没有一种德行，就假装他有吧！"

给他们一个好的名声来作为努力的方向，他们就会不计前嫌，努力向上，而不愿看到你的希望破灭。

而对于那些有声望的人，想要成功说服他，更要学会先赞美后说服的策略。

古代，有位宰相请理发师给他修面。那理发师修面修到一半时，忽然停下刮刀，两眼直愣愣地看着宰相的肚皮。

宰相见理发师发愣的样子，心里很纳闷：这平平板板的肚皮有什么好看的呢？就问道："你不修面，却看我肚皮，这是为什么呢？"

"听人们说，宰相肚里能撑船，我方才看了看，大人您的肚皮并不大，怎么可以撑船呢？"

宰相一听，哈哈大笑。

"那是比喻，讲宰相的度量十分大，能容天容地容古今，对鸡毛蒜皮的小事从不斤斤计较。"

理发师一听这话，心里的一块石头终于落了地，这才"扑通"一声跪倒在地，哭着说："小人该死，方才修面时不小心，将大人您的眉毛刮掉了，万望大人大德大量，恕小的无罪！"

宰相听说自己的眉毛被刮了，不禁怒从心起，正想发作，转念一想：刚才自己还讲宰相的度量很大，我又怎好为这小事治他的罪呢？于是，只好说："不妨，用眉笔把眉添上就行了。"

聪明的理发师以曲折迂回之法，层层引导宰相进入自己早已设定的能进难退的"布袋"中，避免了一场驾临头上的灾难。

合理地赞美别人，会让其心情愉快舒爽。所以，在说服别人的过程中，最好能抓住对方引以为豪的长处加以赞赏，必然会因此得到他的好感。要说服他，也就不再困难了。

要说服一个人，最好先给他一个超乎事实的美名，就像用"灰姑娘"故事里的仙女棒，点在她身上，会使她从头至脚焕然一新一样。因为给予他人一个美名，有时胜过长篇大论。

如果要发自内心地真诚赞扬，那就要求自己要善于体察人心，能了解对方最迫切的需求，有针对性地进行夸赞，那么对方也会礼尚往来地善待你。如果掌握不好，就会弄巧成拙。具体可以参考以下几点：

1. 赞美对方，要结合对方的实际

适当地赞美对方自然有好处，但不能信口开河，肆意吹捧，要结合对方的实际，因人而异。

比如，对于经商的人，用经营有方、人际广泛来赞美他，他一定乐于接受。

2. 尊重对方也是一种赞美

只要是正常人都会有自尊心。要是希望对方心甘情愿地认同

你，接受你的观点，首先就应该处处重视对方的自尊心。在整个说服过程中，要尊重对方的想法，即使其存在不足，也要在言语中表示足够的尊重，而不能刻薄地直指其错误。只有你尊重别人时，别人才会以尊重的态度对待你。有时甚至要抑制自己的好胜心，借以成全对方的好胜心。

3. 满足对方的成就感

即使对方可能没有什么值得拿来炫耀的事情，也要对他这个人本身表示肯定。在交谈中用赞许的口吻，选取对方认为最欣慰和自豪的人和事，大加赞赏。假使连这些也找不到的话，就不妨结合对方的特点假设一个优点加在对方身上。

比如，"你眼睛真好看，跟某电影明星一样""你笑起来真亲切，像我的家人一样"等来成全对方的成就感，对方就真的会认为自己的眼睛像明星的一样或他就像你的家人。因此，对方就不会对你产生抗拒，从而达到自己说服的目的。

从对方感兴趣的话题入手

从对方感兴趣的事情说起，顺着对方的心意，不可逆犯对方的忌讳和尊严。不然，不但达不到目的，反而会使自己处于尴尬的境地。

要想赢得对方的好感和认同，达到说服效果的最佳突破，就得从对方感兴趣的事入手。谈对方感兴趣的事，对方一定是很乐意的。而且可以因此把两个人情感上的距离拉近许多，这是打破僵局、说服别人的捷径。

每个人都希望别人认可自己，喜欢得到别人的重视和关心。如果在谈话时你能巧妙地谈到对方自己，提及他得意的事情，他肯定会对你有好感，甚至视你为知己。因此，无论是与朋友还是客户交谈，多谈一谈对方的得意之事，这样容易赢得对方的赞同。如果恰到好处，他肯定会高兴，并对你心存好感。

杨先生是公司经理，身高一米八，英俊帅气。由于业务关系，他经常与台湾商人打交道。

有一次，在一个知名的展览会上他遇到了一位女台商。杨先生马上走过去，和她热情地打招呼，交换名片。拿过来一看，她叫林静玉，便立刻说道："林小姐，你这名字起得好。"

女台商问他："我的名字有什么好？"

杨先生说："你看，林静玉，跟林黛玉就差一个字，比她还文静，其实你长得也像你们台湾的一位电影明星。"

女台商兴趣大增，接着问："我像谁？"

杨先生认真地回答："特别像林青霞。"

"哎呀，还真有不少人说我像林青霞呢。"女台商高兴地接受了杨先生的判断。

这时，杨先生说出了聪明才智的一句话："你们林家怎么尽出美女呀！"

听后,林静玉咯咯地笑个不停。后来,他们成了好朋友,彼此成功地合作过许多项目。

从上面的故事中我们不难看出,适时地从别人最开心的事情谈起,引起对方的荣耀感,杨先生不但成功取得业务上的拓展,还因此得到了一份友谊。事实上,每个人潜意识里都会有一种虚荣心,都愿意被人夸赞,这样的说服方式是很容易让对方接受的。

每个人都有一些自己认为值得纪念的事。如果能预先打听清楚,在有意无意之间,很自然地讲到他得意的事情,只要他对你没有厌恶的情绪,只要他没有其他不如意的事情,在情绪正常的情况下,他一定会高兴地听你说的,当然此时说服他就容易得多了。

因此,在说服别人的时候,你可以先了解对方特别的爱好或是开心的事情,在关键的时刻提一提,让对方知道你对他的关注和重视。这样,你在展开说服的时候,才不会遭到抗拒。

比如,一个人给你看了他小孩的相片,你就要顺势夸夸他的小孩。反之,你没有任何表达地放回原处,对方肯定会不高兴。如果有人升职了,第二天见到他,用最新的头衔称呼他,再夸赞一下他的能力,以及拿自己或别人的现状做对比,对方一定乐于接受。

你在说服的时候当然要注意技巧,表示敬佩,但不要过分推崇,否则会引起他的不安。对于这件事情的关键,要慎重提出,加以正反两方面的阐述,使他认为你是他的知己。到了这种境地,他自然会格外高兴,会亲自讲述,你应该一面听、一面说几句表示赞赏的话。如此一来,即使他是个冷静的人,也会变得和蔼可亲,你再利用这个机会,稍稍暗示你的意思,进行试探,作为第二次进攻的基点。

不过要从哪里去探听对方得意的事情?试着在你的朋友之中找一下有否与对方交往的人,向他探听当然是最容易的。如能平日记牢关于对方的情况,到时便可以应用。

此外,随时留心交际场合中的谈话,像这些时候谈到对方得意的事情,也是很平常的。但是必须注意,对方得意的事情,是否曾遭到某种打击而消灭,如有这种情形,千万别再提起,以免引起对方不快,反而对你不利。

不过当你提出请求时:第一,要看时机是否成熟;第二,说服过程中要不卑不亢。过分显出哀求的神情,反而会引发对方藐视你的心理。尽管你的心里十分着急,但说话表情还是要表现大方自然,不要只为自己打算,而是要说出为对方着想的理由来。

总之,说服别人并不难,关键在于怎样让对方接受你。抓住时机,适时切入对方爱听的话,自然让对方心花怒放,不会再刻意保持距离。

满足对方的虚荣心

人都希望自己受人尊敬和被人喜欢。而借助于这种高尚动机,让对方去扮演高尚的角色,使人产生一种使自己的行为与对方评价的角色效果相一致的欲望,再多一份鼓励和信任,辅之以适当的疏导,对方就会尽量克服自己的弱点去迎合你的观点。

每个人的行为都会有一定的理由,在自己看来这样做一定是很好或者是的确很好。每个人在内心深处都会将自己理想化,都喜欢为自己的行为动机寻找一个完美的解释。所以,如果想说服别人改变自己的想法,那么就需要激发他的高尚动机,赋予他一个高尚的角色。

有一位公司的高管,为了让客户对自己的工作有更深的了解,会为他们收集一些资料。他还常常会送书给员工,希望能让员工的工作想法如同自己的一句话:"努力赚钱,是为了有能力去做善事。"这样,他的员工们便能从做善事的角度上消除工作的疲劳和抱怨,满足了他们潜在的高尚的动机。这样,那位主管便轻而易举地将集体的斗志带到最高点。

石油大王洛克菲勒极不喜欢摄影记者拍摄他子女的照片,便对记者们这么说:"你们也是有孩子的人,一定了解我的感受。你们一定也知道,太出风头对小孩子是很不好的。"洛克菲勒巧妙地用同理心给记者们设计了一个"不愿伤害孩子"的高尚角色,并让大家在这样一个角色里不可能再对孩子进行骚扰。

由此可见,每个人都很容易受到别人所给他的"角色"的影响。因为,人们的内心都是理想主义,比较喜欢别人给予的高尚角色,从而使自己的自尊心得到满足。于是,便不得不按照你为他设计的"角色"去行动,也就是说,他一旦愿意受到这个角色的约束,便很容易被你说服。

这种说服方法在秦朝时已经得到应用。

有一次，秦始皇因某事与大臣中期发生了激烈的争论，但没有争赢。而争赢了的中期竟然连一句客套话都没有就大摇大摆地走了。

争强好胜的秦始皇觉得脸上无光，不禁勃然大怒。秦始皇的暴戾专横是出了名的，他要杀一个臣民就像捏死一只蚂蚁那样容易。因此，许多大臣都为中期捏了一把汗。这时有个大臣想救中期，赶紧出来打圆场。

他对秦始皇说："中期这个人是个蛮人，性子生得这么倔，幸亏他遇上了您这样豁达宽容的明君，要是遇上桀、纣那样的暴君，那他肯定要被杀头的。但是，您作为一国之君，如果这样好动怒，岂不有失您的英名吗？"秦始皇听了，心里美滋滋的，也就不再把那件事放在心上了。

这位大臣的进言，妙就妙在他的先扬后抑法运用得恰到好处。他在秦始皇怒气尚未发作之前便抢先一步采取扬的办法恭维秦始皇是明君，如果秦始皇接受恭维的话，那么就必须心胸宽阔。反之，若是心胸狭窄，动辄以势压人，滥施淫威，那就不是明君则是暴君了。这样，便把秦始皇逼到了进退维谷的境地，有效地抑制了秦始皇恼怒的情绪，使他不得不显示出豁达、宽容的态度，原谅了倔强无礼的中期。

生活在社会中的每个人，都希望他人能发现自己的优点和长处，从而肯定自己的价值。

因为每个人都有高尚的潜在品质，如果你能够及时地用恰当的方式说出来，这样既能迎合他的自尊心，让他感到很有面子；又能顺利地改变对方的想法，达到说服的目的。所以，想要说服他人接受自己的想法，就要给对方一个高尚的角色去扮演。

从上面的故事中，可以概括出在说服中要正确使用这种说服方法，至少要注意以下三点：

1. 用积极的语言

在正常情况下，每个人都有从善心理，所以在面对一个被说服对象时要针对对方善良的那一面，来启发和引导他们。赋予他们一个高尚的理由，接受你的观点。事实证明，这是一种非常行之有效的方法。

2. 用愿景激励

在说服中，把自己的目标改成对方的愿景，让对方明白改变自己的观点后会给别人、给自己带来怎样一个好的影响；然后顺着这条思路，对长远有一个美好的期许。这将激发对方接受你。

3. 用真诚的态度

当一个人觉得你是真正认为他诚实、公道、正直的时候，他就会努力去印证你的直觉！所以，你需要给对方表现他高尚的机会或借口，这样才能更好地处理你和对方之间存在的问题。

总之，没有一个方法可以确保适用于任何人，可以在任何情况下都能产生好的效果。但是当你没有任何主意的时候，不妨尝试一下这个方法。

每个人都喜欢聊自己,那就让他说个够

选择一个合适的话题是与人交谈的关键。而选择话题的技巧在于以对方为中心,只有如此,才能够使谈话更好地继续下去。

在与人交谈中,我们会有这样的体会:与自己的朋友、家人一起交谈时,总是有说不完的话。但是,一遇到陌生人就无话可说,甚至觉得别扭、烦闷。这是因为你不了解对方所关心的话题是什么。

谈话中,没有人会对自己不感兴趣的话题投入过多的热情,而如果遇到自己感兴趣的话题,他们常常会情绪激昂地参与进来。因此,在与对方谈话时,我们必须选择一些能够引起对方兴趣的话题,从而实现进一步的交流。

小李是个编辑,他曾经与某作者多次进行出版方面的交涉,效果都不太理想。双方都感到疲倦。

小李费了一番周折,得知这个作者是一个爱好打保龄球的人。这次,他打算从这个话题入手。小李先开口说道:"上个礼拜天,我到保龄球馆打球,可是手风很不顺,没什么战绩。"

果然不出所料,这个作者兴致勃勃地问:"怎么?你也喜欢打保龄球吗?"

"我虽然不擅长,却很热爱这种休闲活动,经常去打。"

"哈哈!其实我也蛮喜欢这玩意儿,几天不摸球手就痒痒。"

"战绩如何?"

"最高分是258。"

"啊！这已达到专业水准了。"

这个作者情绪越来越高，不知不觉中与小李约定下次一同去打球。几天后，双方便签订了合同，而且大致是按照小李所希望的条件订立的。

"酒逢知己千杯少"，两个意气相投的人在一起总觉得有说不完的话。因此，我们在和人交往时，不妨"投其所好"，适当选择对方感兴趣的话题。

两个人对话，如果其中一个人侃侃而谈的时候，而另一个人昏昏欲睡，那一定是听话方对讲话方的话题没有兴趣。这样的谈话总是会让人感觉到乏味，所以要想赢得对方的欢迎，在谈话的时候就要选择他感兴趣的话题。

当然，如果能够发现你们之间在兴趣、性格、阅历等方面的共同之处，那就更好了。这样可以促使双方越谈越投机，从中获得更多关于对方的信息，迅速拉近距离，增进感情。

匈牙利的米尔沙特是一位多产的著名作家。但是，就像其他许多伟大的作家一样，在他还没有成名的时候，经常遭受出版社的冷眼。他去出版社送稿件，常常被那些编辑不耐烦地推出来。他们对他的稿子一眼也没看，就说那是垃圾并且请他丢到纸篓里，不要耽误他们的工夫。

经过多次的打击之后，米尔沙特变得聪明起来。他后来去出版社，不再主动提及夹在胳膊底下的稿件，而是专门找那些编辑们感兴趣的事情作为谈话的主题。他会向他们提起他们刚刚编辑出版的某本书，并且谈论其中的某些内容。

每当他这样做的时候，那些原本对他爱理不理的编辑都放下手中的工作，围过来七嘴八舌、饶有兴致地发表对于那本书的看法。米尔沙特在一旁聆听，不时地表达一下自己的见解，或者有意把问题引导到某一位流行作家的身上，使那些编辑们如同又进入一片新天地。米尔沙特逐渐成为他们聊天时不可缺少的客人。他们已经把米尔沙特当作他们的朋友，当然再也不会把他从门口推出去。

当米尔沙特拿出自己的稿件时，他们再也不会让他把"那堆垃圾"扔到纸篓里，而是对他说："嘿，朋友，那是什么？可以给我们看看吗？"

同是一个米尔沙特，但是在编辑眼里却无异于两个人：一个不会主动寻找令人感兴趣的话题，所以被扫地出门；一个因为善于引起他们谈话的兴趣而赢得他们的欢迎，从而成为著名的作家。

如果不知道对方喜欢什么话题，你可以从以下两方面找话题展开交谈：

1. 从对方得意的事情说起

每一个人都有自认为得意的事情。这事情的本身在别人来看究竟有多大价值并不重要，关键是在他本人看来，是一件值得终身纪念的事。你如果能预先打听清楚，在有意无意之间，很自然地讲到他得意的事情，只要他对你没有厌恶的情绪，只要他目前没有其他不如意的刺激，在情绪正常的情况下，他一定会高兴地听你说。

2. 以对方擅长的事情为话题

如果对方的文章写得漂亮，你就要说："听说你又发表了一篇文章，能不能谈谈经验？"

但是你明知对方不擅长写文章，却说："今天我们俩来交流交流写作的体会吧。"这样对方必然沉默以对，或掉头而去，甚至会认为你这是故意和他为难。在这种情况下，双方的人际关系怎么能好呢？

另外，在与人交谈时，我们还应注意谈话的禁忌。比如，交谈时最好不要涉及疾病、死亡等不愉快的事，更要注意回避对方的隐私。尤其是对女性的年龄和婚姻情况、男士的私生活方面的问题。对方反感的问题一旦提出，则应表示歉意或立即转移话题。谈话时还应注意不要批评他人，不要讥讽他人。

制造余韵无穷的谈话，让对话有效进行

与人初次见面，若要让人回味无穷，从而渴望再次见面，就应该着力制造一次余韵无穷的谈话。

从某种意义上来说，不懂得把陌生人变朋友的技巧，就会使人生失去许多成功的机会。要善于和陌生人交谈。任何深厚的友谊都是由从陌生到成熟的阶段培养而建立的，可以说学会和陌生人交谈，既是提高个人社交能力的需要，也是结识新友，建立良好的人际关系的重要途径。

初次会面如果让对方意犹未尽，自然就盼望第二次见面，这就是人际交往的最高境界。然而怎样才能做到这一点呢？最重要的就是善于制造余韵无穷的谈话，让对方在离去后仍旧不断咀嚼回味这次谈话。

一般来说，交谈的话题应该视对方的情形而定，再好的话题若不符合对方的需要，也无法引起对方的兴趣。最好是想办法引出两人都感兴趣的话题，才能聊得投机，然后再设法慢慢地把话题引进自己所要谈论的范围内。

要让谈话有余韵，须使用优美的言辞。假如为了加强印象，故意讲些粗俗的话，则会增加对方的不愉快，弄巧成拙。所以为了使对方对你产生好感，必须言语和善，讲话前先进行思考，不要脱口说出伤人的话，而破坏了人际关系。如果你善于让你的谈话有余韵，让人回味无穷，你的魅力就展现了出来，陌生人也在不知不觉间被你吸引。

把陌生人变成朋友，是一个人高超的社交能力和社交艺术的表现和反映。一个人唯有善于把陌生人变成自己的朋友并相处得十分融洽，那才是真正的快乐。学会和陌生人交谈是结交新友，打开交往大门的一把无形的钥匙。

同陌生人交朋友，必须勇于交谈。还要善于巧找话题，有了话题，能使谈话融洽自如。

1. 重视形象

时刻注意自己的形象是非常必要的，人的第一印象是最不容易磨灭的。有效拉近彼此的心理距离才能达致进一步信赖,才能逐渐地将心灵或思维融合到一起,才能和朋友很快建立亲近感。

2. 说话内容不可过于琐碎

擅长谈话技巧的人,能够利用言语使对方产生好感。要想做到这一点,就必须避免说些芝麻绿豆之类的琐事。眼界要放得远些,谈话内容不妨从大事着手,注意速度的平顺流畅,使对方不由自主地受到吸引。

3. 环境要幽雅

对有些人来说,谈话的艺术就在于毫无艺术可言,犹如穿衣,宽松舒适即可,这种情形常见于朋友闲谈;而在更为高雅一点的氛围内,交谈就变得深奥,时时会流露出人们的真知灼见。

4. 达成默契

若想成功地进行交谈,必须调整自己,以求和对方达成默契,不要对他人的修辞表达过分挑剔,否则交谈会不欢而散。

5. 针对对方的兴趣谈

老人最感兴趣的话题是关于他们自己年轻时候的经历;青年人关注怎样才能使自己的才能得以发挥,以及他们的工作、学习、业余生活;年轻妈妈最感兴趣的莫过于她们的孩子。

6. 故意抛出错误观点

有时装作不懂的样子,往往可以听取他人更多的意见,让他人的自炫心理得以满足。反之,如果你表现得太聪明,人家即使要讲,也有顾忌,怕比不上你。如果我们用"请教"的语气说话,引起对方的优越感，就会引出滔滔话语。喜欢教人，而不喜欢受教于人，这是种普遍心理。

7. 打破自己造成的沉默

如果是自己太清高、架子大，使人敬而远之，而造成了双方的沉默，在交谈中应该主动些、客气些、随和些。

如果是自己太自负，盛气凌人，使对方反感，而造成了沉默，则要注意谦虚，多想想自己的弱点，适当褒扬对方的优点。

如果是自己口若悬河，讲起话来漫无边际，无休无止，而导致了对方的沉默，则要注意使自己的讲话适可而止，给对方说话的机会，不要让人觉得你在进行单方面的"传教"。

第六章

刚柔并济,
高效能说话高情商做人

给他人制造压力，然后再赶走压力

在进行购房、购车等比较大型的消费项目时，很多顾客常常犹豫不决，或者时间紧迫又不想匆忙做出决定。这时候，销售人员如果能够利用一些小技巧，便可促使顾客尽快做出决定以达成交易。例如制造一种紧张气氛，让顾客担心如果此时不做决定就会失去机会。

营销高手玛丽·柯蒂奇是美国米尔房产公司的经纪人，她曾在半小时之内卖出了一套价值50多万美元的房子。一天，玛丽正在一处新转到她名下的大房子里参观，忽然发现有一对夫妇也在看房子。玛丽快步走到那对夫妇面前，面带微笑地伸出手说："嗨，你们好，我是玛丽·柯蒂奇。""您好。我是邓恩，这是我太太丽莎。"那名男子说，"我们在海边散步，见这儿有房子就过来看看。我们不知道……""欢迎欢迎！"玛丽说，"我是这栋房子的经纪人。""我们是顺道来的，车子就放在门口。我们从弗吉尼亚来这里度假，过一会儿就打算回去了。"

丽莎临窗看海，顿感心旷神怡，她自言自语地说："这儿真美！简直美极了！""但是亲爱的，我们必须回去了，要回到冰天雪地里去。"邓恩无奈地说，"这真是一件令人不开心的事情！"邓恩问起房子的情况："这套房子上市有多长时间了？"

"老实说，这套房子在别的经纪人名下有半年了，今天才刚刚转到我的名下。房主急等着用钱，现在降价出售，我想应该很快就会成交。"玛丽回答。

丽莎对邓恩说："要是我们能有一套海边的房子就好了，因为我非常喜欢大海。如果那样的话，我们以后就可以常常去海边散散步。"

玛丽就问丽莎："您先生是做什么的？他的工作一定很辛苦吧？"

"邓恩在股票公司做事，他的工作非常辛苦。我希望他能够好好休息、多多放松，这也是我们每年都到佛罗里达旅游的原因。"丽莎说。

"我想，如果你们每年都来这里的话，就应该在这里有一套属于自己的大房子。您想想，每次来到这里，就好像回到了自己的家一样，那是多么舒服啊。更重要的是，这样不仅可以大大提高你们的生活质量，也将大大延长你们的寿命。"玛丽说。

"我也是这样想的。"丽莎和邓恩几乎同时说出了这句话。

接着，他们就陷入了沉默。玛丽知道他们在思考，所以也不说话，等着邓恩开口。过了片刻，邓恩开口说："我还是感觉房子的价格有点高。"

"房价其实很合理,我想很快就会卖掉的,我以我的经验保证。"

"为什么如此肯定?"

"能够眺望海景的房子并不多,不是吗?而且,房子刚刚降价。"

"但我发现这里的房子有很多。"

"我承认,这里的房子是很多。我相信您也看了不少。我想您不会没有发现,这套房子是很少的拥有自己车库的房子之一。您只要把车开进车库,就等于是回到了家。并且,这套房子附近有这里最好的娱乐场所和大小餐馆,别的房子就没这么多的方便了。"

邓恩想了想,向玛丽报了一个价,然后很果断地说:"这是我愿意购买的价格,再多一分钱我都不想要了。"

玛丽一听邓恩的报价只比房主的要价少1万美元,就说:"您的条件我想应该没问题,但我需要您的1万美元作为订金。"

"这个没问题,我现在就可以给你写一张支票。"邓恩说。

"请在这里签名。"玛丽把合同递给邓恩。

至此,整个交易宣告完成。玛丽从见到这对夫妇,直至交易成功,用了不到半小时的时间!压力推销是指推销员使用强有力的语言给客户造成购买是唯一出路的感觉,促使客户做出购买决策的一种推销方法。这种方法对那些已对产品动心的客户,或者是那些准备买,但又有点犹豫的客户最管用。而使用这种强有力的语言的能力是推销员能力的一种体现。这个案例就是推销员使用压力推销法成功拿下大客户的一个经典案例。

在这个案例中，我们发现邓恩夫妇虽然很满意这套临海的房子，但他们当时并没有购买的意思。假如玛丽只是将自己的名片交给他们，事情多半会泡汤。玛丽知道，在这种情况下，必须利用邓恩夫妇在现场的有限时间，快速完成交易。怎样才能快速地完成这项交易呢？玛丽采取的方法很简单，即制造紧张气氛，给对方传递一个信息：想买的话就赶快，否则就没了。此招果然见效，在短短的半小时之内，玛丽就完成了其他经纪人半年都没有完成的任务。

可见，给客户加压是一种比较有效的心理战术，它会使客户在无形中感到一种压力。但他们感觉不出这是推销员施加的压力，而以为是他们自己造成的。因此，使用这种推销技巧，就需要推销员说话具有感染力，对于环境有极强的控制能力，并且能够灵活地加以变换。

边说服边让步的"馅饼博弈"

与人交流时，我们应该多谈对方感兴趣的话题，对待客户尤其如此。想要引起客户的兴趣、赢得客户的好感，就要从他的爱好出发。探明客户的爱好，并适当满足其心理需求，先从心理上接近客户，以得到客户的信任或赏识，这样就容易实现销售目标。美国纽约的迪巴诺面包公司生产的面包质量好，深受各地顾客的欢迎，可以说是远近闻名。可奇怪的是,该面包公司附近的一家大饭店始终没有向这家公司买过一次面包。

面包公司的经理迪巴诺为了让自己的产品打入这家大饭店,使用了各种促销手段。诸如每天给饭店经理打电话介绍自己生产的面包的特色及种类,每周前往饭店拜访经理,参加饭店组织的各种活动,甚至在这家饭店包了个房间,住在那里谈生意。这样一直坚持了4年多都无济于事,真是费尽周折,用心良苦,然而,一次次的推销面包的谈判都以失败告终。

于是,他一改以前的做法,开始对饭店经理本人关注起来。

通过多方面的调查了解,他知道了饭店经理的个人爱好和所热衷的事物:饭店经理是美国某一饭店协会的会长,非常热衷于自己的事业,不管协会在什么地点、什么时间开会,一定前往。迪巴诺了解了这一情况后,又下功夫对该协会做了较彻底的研究。当他再去拜访饭店经理时,只字不提推销面包的事,而是以饭店协会为话题大谈特谈。

这一招很灵验,果然引起了饭店经理的极大兴趣,双方的心理距离一下子拉近了。饭店经理神采飞扬、兴趣浓厚,和迪巴诺谈了35分钟有关协会的事,还热忱地请迪巴诺也加入该协会。

几天以后,迪巴诺面包公司就接到了这家大饭店采购部门打来的电话,请他把面包的样品和价格表送过去,饭店准备订购该公司的面包。这个消息着实让迪巴诺惊喜万分,四年多的努力终于没有白费。尽管迪巴诺公司的面包物美价廉,尽管迪巴诺对饭店经理穷追不舍，然而他的推销工作却没有任何进展。而当他调整了策略之后，抓住了饭店经理关心和感兴趣的问题，形势便大为改观，进而实现了自己多年来的愿望。由此可见，投其所好策略在与客户打交道的过程中起着不可忽略的作用。

对客户投其所好的具体方式很多：例如给客户提供美好的令人难忘的款待，恰到好处地给予恩惠，赠送适当的礼品，陪同客户观光旅游，等等。这些都可以视对方的兴趣爱好而采用。与客户沟通交谈，不妨投其所好。这样事情既可以办成，还能给客户留下良好的印象，赢得他人的喜欢。

"最后通牒"，扭转局势只需 15 秒

在谈判中，有些谈判者支起架子准备进行艰难的拉锯战，而且他们也完全抛开了谈判的截止日期。此时，你的最佳防守兼进攻策略就是出其不意，发出最后通牒并提出时间限制。这一策略的主要内容是，在谈判桌上要给对方一个突然袭击，改变态度，使对手在毫无准备且无法预料的形势下不知所措。对方本来认为时间挺宽裕，但突然听到一个要终止谈判的最后期限，而这个谈判成功与否又与自己关系重大，不可能不感到手足无措。由于他们很可能在资料、条件、精力、思想、时间上都没有充分准备，在经济利益和时间限制的双重驱动下，不得不屈服，在协议上签字。

美国汽车大王亚科卡在接管濒临倒闭的克莱斯勒公司后，觉得第一步必须先压低工人工资。他首先降低了高级职员工资的10%，自己也从年薪36万美元减为10万美元；随后他对工会领导人说："17美元一小时的活有的是，20美元一小时的活一种也没有。"

这种强制威吓且毫无策略的话语当然不会奏效，工会当即拒绝了他的要求。双方僵持了一年，始终没有进展。后来亚科卡心生一计，一日他突然对工会代表们说："你们这种间断性罢工，使公司无法正常运转。我已跟劳工输出中心通过电话，如果明天上午8点你们还未开工的话，将会有一批人顶替你们的工作。"

工会谈判代表一下傻眼了。他们本想通过再次谈判，从而在工薪问题上取得新的进展，因此他们也只在这方面做了资料和思想上的准备。没承想，亚科卡竟会来这么一招！被解聘，意味着他们将失业，这可不是闹着玩的。工会经过短暂的讨论之后，基本上接受了亚科卡的要求。

亚科卡经过一年旷日持久的拖延战都未打赢工会，而出其不意的一招竟然奏效了，而且解决得干净利落。

所谓"最后通牒"，常常是在谈判双方争执不下、陷入僵持阶段，对方不愿做出让步以接受交易条件时所采用的一种策略。事实证明，如果一方根据谈判内容限定了时间，发出了最后通牒，另一方就必须考虑是否准备放弃机会，牺牲前面已投入的巨大谈判成本。

但是，该方法并非屡试不爽，一旦被对方识破机关，最后通牒的威力可能会反作用到自己身上来。

美国通用电气公司与工会的谈判中采用"提出时间限制"的谈判长达20年。这家大公司在谈判开始的时候，使用这一方法屡屡奏效。但到1969年，电气工人的挫败感终于爆发。他们料到谈判的最后结果肯定又是故技重演，提出时间限制相要挟，在做了应变准备之后，他们放弃了妥协，促成了一场超越经济利益的罢工。

因此，谈判中发"通牒"一定要注意一些语言上的技巧，要把话说到点子上。

1. 出其不意，提出最后期限时必须语气坚定、不容通融

运用此道，在谈判中首先要语气舒缓，不露声色，在提出最后通牒时要语气坚定，不可使用模棱两可的话语，使对方存有希望，以致不愿签约。因为谈判者一旦对未来抱有希望，想象将来可能会给自己带来更大的利益时，就不肯最后签约。故而，坚定有力、不容通融的语气会替他们下定最后的决心。

2. 提出时间限制时，时间一定要明确、具体

在关键时刻，不可说"明天上午"或"后天下午"之类的话，而应是"明天上午8点钟"或"后天晚上9点钟"等更具体的时间。这样的话会使对方有一种时间逼近的感觉，使之没有心存侥幸的余地。

3. 发出"最后通牒"的言辞要委婉

必须尽可能委婉地发出"最后通牒"。"最后通牒"本身就具有很强的攻击性，如果谈判者再言辞激烈，极度伤害了对方的感情，

对方很可能由于一时冲动铤而走险，一下子退出谈判，这对双方都是极为不利的。

在对比中制造势能差，让他不得不服

说服别人就像"打蛇打七寸"一样，抓住对方的要害，使他的心弦受到颤动，促使他深入思考，从而放弃自己消极的、错误的行动。

20世纪90年代，春风剧场门前有一位年近六旬的老太太摆着一个小摊，卖瓜子、花生之类的小食品。某日，市里要检查卫生，剧场管理员小王要老太太回避一下，说："老太太，快把摊子挪走，今天这里不许卖东西。""往天许卖，今天不允许卖，世道又变了吗？""世道没有变，检查团要来了。""检查团来就不许卖东西？检查团来了还许不许吃饭？""检查团来了，地皮不干净要罚款的。"小王加重了语气。"地皮不干净关我什么事，他肥肉吃多了拉稀屎，能去罚卖肉的款吗？"小王无言以对，悻悻而退。管理自行车的老刘师傅随后走了过来，说道："老嫂子，你这把年纪，没早没晚的，又能挣几个钱？检查团来了，真罚你一笔，你还能打场官司不成？再说，检查团不会天天来，饭可是要天天吃，生意可是要天天做的。""嗯！姜还是老的辣。好，我走，我走。"老太太边说边笑着把摊子挪走了。

管理员小王之所以劝阻不成反讨没趣，是因为他只是一味地讲抽象的大道理，却没有站在老太太的角度上耐心地帮助她分析利弊。而老刘师傅就懂得这一点，他从老太太的切身利益出发，向她指出了只考虑眼前的小利而不顾长远利益的不良后果，使她真正认识到了自己固执行为的不明智，于是心服口服地接受了规劝。

巴西球王贝利，在很小的时候就显示出了踢球的天赋，并且取得了不俗的成绩。

有一次，小贝利参加了一场激烈的足球比赛。赛后，伙伴们都精疲力竭，有几位小球员点上了香烟，说是能解除疲劳。小贝利见状，也要了一支。他得意地抽着烟，看着淡淡的烟雾从嘴里喷出来，觉得很潇洒、很前卫。不巧的是，这一幕被前来看望他的父亲撞见了。晚上，贝利的父亲坐在椅子上问他："你今天抽烟了？"

"抽了。"小贝利红着脸，低下了头，准备接受父亲的训斥。

但是，父亲并没有这样做。他从椅子上站起来，在屋子里来回地走了好半天，这才开口说话："孩子，你踢球有几分天赋。如果你勤学苦练，将来或许会有点儿出息。

"但是，你应该明白足球运动的前提是你具有良好的身体素质，可今天你抽烟了。也许你会说，我只是第一次，我只抽了一根，以后不再抽了。但你应该明白，有了第一次便会有第二次、第三次，每次你都会想：仅仅一根，不会有什么关系的。但天长日久，你会渐渐上瘾，你的身体就会不如从前，而你最喜欢的足球可能因此渐渐地离你远去。"

父亲顿了顿，接着说："作为父亲，我有责任教育你向好的方向努力，也有责任制止你的不良行为。但是，是向好的方向努力，还是向坏的方向滑去，主要还是取决于你自己。"说到这里，父亲问贝利："你是愿意在烟雾中损坏身体，还是愿意做个有出息的足球运动员呢？你已经懂事了，自己做出选择吧！"

说着，父亲从口袋里掏出一沓钞票，递给贝利，并说道："如果不愿做个有出息的运动员，执意要抽烟的话，这些钱就作为你抽烟的费用吧！"说完，父亲走了出去。小贝利望着父亲远去的背影，仔细回味着父亲那深沉而又恳切的话语，不由得掩面而泣。过了一会儿，他止住了哭泣，拿起钞票，来到父亲的面前："爸爸，我再也不抽烟了，我一定要做个有出息的运动员！"从此，贝利训练更加刻苦。后来，他终于成为一代球王。至今，贝利仍旧不抽烟。

刚柔相济，增强说服中的沟通控制力

强硬与怀柔，二者分开来用，人人都可以将其发挥到极致。然而这样做的效果往往不好，如果将两者结合起来，双管齐下，则会取得极佳的效果。

明朝时期，张嘉言驻守广州时，沿海一带设有总兵、参将、游击等官职。总兵、参将部下各有数千名士兵，每天的军粮都要平均分为两份。

参将的士兵每年汛期都要出海巡逻，而总兵所管辖的士兵都借口驻守海防，从来不远行。等到每过三五年要修船不出海时，参将部下的士兵只发给一半的军粮，如果没有船修而不出海，就要每天减去三分之一的军粮，以贮存起来待修船时再用。只有总兵的部下军粮一点也不减，当修船时另外再从民间筹集经费。这种做法已沿袭很久，彼此都认为理所当然。

不料，有一天，巡按将此事报告了军门，请求以后将总兵部下的军粮减少一些，留待以后准备修船时再用。恰巧，这位军门和总兵之间有矛盾，于是就仓促同意削减军粮。

总兵各部官兵听到消息后，立即轰然哗变。他们知道张嘉言在朝廷中很有威信，就径直围逼到张嘉言的大堂之下。

张嘉言神色安然自若，命令手下人传五六个知情者到场，说明事情真相。士兵们蜂拥而上，张嘉言当即将他们喝下堂去，说："人多嘴杂，一片吵闹声，我怎么能听清你们说些什么。"

士兵们这才退下。当时正下大雨，士兵们的衣服都淋湿了，张嘉言也不顾惜，只是叫这几个人将情况详细说明。这几个人你一言我一语，都说过去从来没有扣减总兵官兵军粮的先例。

张嘉言说："这件事我也听说了。你们全都不出海巡逻，这也难怪上司削减你们的军粮了。你们要想不减也可以，不过那对你们并没有什么好处。上司从今以后会让你们和参将的士兵一样每年轮换出海巡逻，你们难道能不去吗？如果去了，那么你们也会同他们一样,军粮会被减掉一半。你们费尽心机争取到的东西还是拿不到的,这些肯定要发给那些来替换你们的士兵。如果是这样,你们为什么不听从上司,将军粮稍微减少一点呢?而你们照样还可以做你们大将军的士兵。你们再认真考虑一下吧!"

这几个人低着头,一时无法对答,只是一个劲地说:"求老爷转告上司,多多宽大体恤。"

张嘉言问:"你们叫什么名字?"

他们都面面相觑不敢回答。

张嘉言顿时骂道:"你们不说姓名,如果上司问我'谁禀告你的',让我怎么回答?"

这几个人只好报了自己的姓名,张嘉言一一记下,然后对他们说:"你们回去转告各位士兵,这件事我自会处置,劝他们不要闹了。否则,你们几个人的姓名都在我这儿,上司一定会将你们全部斩首。"

这几个人顿时吓得面容失色,连连点头称是,退了出去。

后来,总兵部下的士兵每日被扣军粮,士兵们竟然再也没有闹事的。

在说服他人的过程中,采用刚柔相济的劝诫之术,一方面能使别人体面地"退",另一方面又坚持自己的原则,使自己的主张得到采纳,这种方法为许多事情的处理留有余地。

以情说理，获得高度认同

文学家李密曾在蜀汉时担任过尚书郎的官职，蜀汉灭亡后，其居家不出。晋武帝知道他有才干，便下诏命他进朝为太子洗马，但李密拒绝了。为此，晋武帝大怒。在这种情况下，李密写了一封信给晋武帝："……我想圣明的晋朝是以孝来治理天下的，凡是年老之人，都得到了朝廷的怜恤和照顾，何况我祖孙孤零困苦的情况特别严重。

"我年轻的时候在蜀汉朝做官，任职郎中，本来就希望仕途显达，并不矜持名声节操。现在我是败亡之国的低贱俘虏，身份卑微的人，受到过分的提拔，宠幸的委命已经非常优厚，哪里还敢迟疑徘徊，有更高的渴求呢？

"只是因为我祖母刘氏如西山落日，已经是气息短促，生命不长。我如没有祖母的抚育，就难以有今日。祖母如失去了我的奉养，也就无法多度余日。祖孙二人相依为命，因此我实在不能抛开祖母离家远行。

"微臣李密今年44岁，祖母刘氏今年96岁。这样，我为圣上尽忠效力的日子还长，而报答祖母养育之恩的日子短呀！故此我以这种乌鸦反哺的私衷，乞求陛下准允我为祖母养老送终。

"恳请陛下怜恤我的一片愚诚，慨允我微小的志愿，使祖母刘氏可以侥幸保其晚年，我活着也将以生命奉献陛下，死后也要结草图报。臣内心怀着难以承受的惶恐，特地作此书，奏闻圣上。"

这就是流传百世的《陈情表》。将心比心，以情说理，李密在柔言细语中陈述自己的处境。武帝颇为感动，心头的怒火也自然平息了，他还赐给李密奴婢二人，并令郡县供养其祖母。

杰克·凯维是加利福尼亚州一家电气公司的一位科长，他一向知人善任，并且每当推行一个计划时，总是不遗余力地率先做榜样，将最困难的工作承揽在自己的身上，等到一切都上了轨道之后，他才将工作交给下属，而自己退身幕后。虽然他这种处理事情的方法是很好的，但他太喜欢为他人做表率，所以常常让人觉得他似乎太骄傲了。

不知怎么回事，一向精神奕奕的凯维却显得无精打采。原来最近的经济极不景气，资金方面周转不灵，再加上预算又被削减，使得科里的运转差点停顿。这种情形若继续下去，后果一定不可收拾。于是他实施了一套新方案，并且鼓励职工："好好干吧！成功之后一定不会亏待你们的。"但没想到眼看就要达到目标，结果还是功亏一篑，也难怪他会意志消沉了。平日对凯维就极为照顾的经理看了这些情形后，便对他说："你最近看起来总是无精打采的，失败的挫折感我当然能够理解，但是我觉得你之所以会失败，是因为你只是一味地注意该如何实现目标，却忽略了人际关系这种软体的工程。如果你能多方考虑，并多为他人着想，这种问题一定能够迎刃而解。"经理停顿了一下，又接着说："能屈能伸，才是一个好的管理人员。我觉得你就是求胜心太急切了，又总喜欢为职工做表率，而完全不考虑他们的立场，认为他们一定能如你所愿地完成工作，结果倒给了职工极大的心理压力。大概也就是因为这个缘故，所以大家都说你虽能干，但你的部属却很为难。每个人当然都知道工作的重要性，所以你实在大可不必再给他们施加压力。你好好休息几天，让精神恢复过来，至于工作方面，我会帮助你的。"

杰克·凯维的一段亲身经历让我们知道，必须站在别人的立场，将心比心才能真正达到说服对方的目的。否则，再多的自信和能力也无法让别人服从你。会打棒球的人都知道，当我们要接球时，应顺着球势慢慢后退，这样球劲便会减弱。

与此相似，我们在说服他人的时候，如果能将接棒球的那一套运用过来，相信说服会变得更容易。

唐代大诗人白居易说："感人心者，莫先乎情。"意思是说，要说服人、打动人，必须动之以情。言语必须是诚心诚意的，发自内心、富有人情味和同情心，让人听后觉得你是真心为他好，是设身处地地为他着想，而不是在应付他。相反，冰冷的态度、程式化的言辞，都会引起对方的逆反心理，增加说服的难度。

林肯在当律师时曾碰到这样一件事：

有一位老妇人是美国独立战争时一位烈士的遗孀，每月只靠抚恤金维持生活。然而，出纳员非要她交纳一笔手续费才允许领钱，而这笔手续费相当于抚恤金的一半，这分明是勒索。

林肯知道后怒不可遏，他安慰了老妇人，并答应帮助她打这个没有凭据的官司，因为出纳员是口头勒索。

开庭后,因原告证据不足,被告矢口否认,情况显然不妙。林肯发言时,上百双眼睛都盯着他。

林肯首先把听众引入对美国独立战争的回忆,他两眼闪着泪花,述说爱国战士是怎样揭竿而起,又是怎样忍饥挨饿地在冰天雪地里战斗。渐渐地,他的情绪变激动了,言辞犹如挟枪带剑,锋芒直指那个企图勒索的出纳员。最后他以严正的设问,做出了令人怦然心动的结论:"1776年的英雄早已长眠地下,可是他们那衰老而可怜的遗孀还在我们面前,要求代她申诉。这位老人也曾是位美丽的少女,曾经有过幸福愉快的生活。不过,她已牺牲了一切,变得贫穷无依,不得不向自由的我们请求援助和保护,而这自由是用革命先烈的鲜血换来的。试问,我们能熟视无睹吗?"发言至此,戛然而止。听众早已激动了:有的捶胸顿足,扑过去要撕扯被告;有的泪水涟涟,当场解囊捐款。在听众的一致要求下,法庭通过了保护烈士遗孀不受勒索的判决。

让对方主动送上答案

美国前总统华盛顿年轻时,家里的一匹马被邻人偷走了。华盛顿同一位警官到邻人的农场里去索讨,但那人口口声声说那是自己的马而拒绝归还。华盛顿用双手蒙住马的双眼,对邻人说:"如果这马是你的,那么,请你告诉我们,马的哪只眼睛是瞎的?"

"右眼。"

华盛顿放开蒙右眼的手,马的右眼并不瞎。

"我说错了,马的左眼才是瞎的。"邻人急忙争辩说。

华盛顿放开蒙左眼的手,马的左眼也不瞎。

"我又说错了。"邻人还想争辩。

"是的,你错了。"警官说,"这证明马不是你的,你必须把马立即交给华盛顿先生。"

华盛顿在这里运用循循善诱、步步为营的方法,让小偷上钩,露出马脚。

同样在销售活动中,销售人员可以采用步步为营的方法促使顾客购买商品。通常,在促使顾客做出购买决定之前,销售人员应该有步骤地向顾客提出一些问题,让他就交易的各个组成部分一一做出决定。特别是一些部件多、结构复杂、配套材料多的商品使用这种方法比较适合。

例如:

售货员微笑着对顾客说:"您喜欢哪一种颜色?"

顾客:"我对蓝颜色较为感兴趣。"

售货员:"您需要一顶太阳篷吗?一些豪华轿车就配有这种太阳篷。尤其是在夏天,轿车是很有必要配备太阳篷的,您难道不这样认为吗?"

顾客:"你说得对,但这个太阳篷太贵了。"

售货员:"各种型号的汽车都装有雾灯。因为当你在秋天、冬天或者春天比较寒冷的日子里行车的时候，雾灯是必不可少的。"

顾客："我个人认为配备雾灯是没有必要的。它只会抬高汽车的价格。另外，在天气不好的情况下，我肯定不会开车外出的。"

售货员："把座位往后推到这个位置，你坐在里面感觉舒服吗？坐在这个位置上开车感到很方便吧？"

顾客："还可以，不过我想座位还是稍高一点好。"

售货员："把座位调高一点很容易，你看还有哪些地方需要改进？"

如果你分段地有步骤地向顾客介绍产品，顾客就不必马上做出是否正式购买的决定，这样就得引导顾客深入。尽管他会对产品的供销做出否定的回答，比如上面例子中关于雾灯和座位高低的问题，但是，这对于生意人来说并不是什么坏事情，因为它否定了产品与顾客个人愿望有关的部分而非全部。尽管你和顾客之间有分歧，但只要这个分歧是涉及某个问题，那它就不会对达成交易产生不利影响。

第七章 先听后说,跳出对方的逻辑圈

学会倾听，破解套路抓重点

学会倾听就是对别人极大的尊重，也是真心实意关心别人的表现。而真正充满智慧的人正是那些懂得倾听的人。

我们在工作中往往习惯于单纯地向别人灌输自己的思路，要记住沟通是双向的，要放弃你身份的观念，以平等的、恭敬的、尊重的心去听。被倾诉其实是一件很幸运的事情，这说明对方把你当作可以敞开心扉的人，通过倾诉，你们可以加深了解，关系会变得更融洽亲密。

一般人在交谈中，倾向于以自己的意见、观点、感情来影响别人，因而往往谈个不停，似乎非如此无法达到交谈的目的。实际上，与人交谈，仅做一个好的演说者不一定成功，还须做一个好的听众。

外国有谚语说"用十秒的时间讲，用十分钟的时间听"。在人们面对面的交谈中，讲与听是对立统一的，认真地去听，可以收到良好的谈话效果。只有善于聆听的人，才懂得"三人行，必有我师"的道理，才能够利用一切机会博采众长，丰富自己，而且能够留给别人讲礼貌的良好印象。

古代,曾经有个小国的人到中国来,进贡了三个一模一样的金人,把皇帝高兴坏了。可是这小国的人不厚道,同时出一道题目:这三个金人哪个最有价值?皇帝想了许多办法,请来珠宝匠检查,称重量,看做工,都是一模一样的。

怎么办?使者还等着回去汇报呢。泱泱大国,不会连这个小事都不懂吧?最后,有一位老大臣说他有办法。皇帝将使者请到大殿,老臣胸有成竹地拿着三根稻草,插入第一个金人的耳朵里,这根稻草从另一边耳朵出来了。第二个金人的稻草从嘴巴里直接掉出来,而第三个金人,稻草进去后掉进了肚子,什么响动也没有。老大臣说:第三个金人最有价值!使者宣布答案正确。

第一个小金人,把稻草插入它的耳朵里,稻草就立刻从另一边耳朵出来了,说明忽视信息,让信息左耳进,右耳出的人,根本不去关注别人的话。这样的人,在组织中常常表现出心不在焉的样子,沉迷于自我的世界,不关注外界的事情。

第二个小金人,把稻草插入它的耳朵里,稻草从嘴巴里直接掉了出来,说明是那种对信息不加判断的人,长了个大嘴巴,把听来的事情,不加判断就进行传播,不知道什么事该传播、什么事不该传播。任何组织中,都会有这样的人,而且可能比第二个小金人更加麻烦,在传播过程中添油加醋,四处散布。对于企业来说,这样的成员,有时候会引来很多是非。

第三个小金人,稻草从耳朵进去后掉进了肚子,什么响动也没有。他是那种能够做到"善于倾听，分辨是非，消化在心"的人。因此，这就是最有价值的人。

这个故事告诉我们，最有价值的人，不一定是最能说的人。老天给我们两只耳朵一个嘴巴，本来就是让我们多听少说的。善于倾听，才是成熟的人最基本的素质。因此，在交谈中，我们要学第三个小金人那样，能沉住气，重视倾听，三思而后说。

认真聆听对方的谈话，是对讲话者的一种尊重，在一定程度上可以满足对方的需要，同时可以使人们的交往、交谈更有效，彼此之间的关系更融洽。反之，对方还没有把将要说的话说完，你就听不下去了，这最容易使对方自尊心受挫，从而导致交谈不顺畅。世界著名的推销天才乔·吉拉德就曾因没有倾听顾客说话而错失了一次成功交易的机会。

一天，乔·吉拉德向一位客户销售汽车，交易过程十分顺利。当客户正要付款时，另一位销售人员跟乔·吉拉德谈起昨天的篮球赛，乔·吉拉德一边跟同伴津津有味地说笑，一边伸手去接支票，不料客户却突然掉头而走，连车也不买了。乔·吉拉德苦思冥想了一天，不明白客户为什么对已经挑选好的汽车突然放弃了。

夜里 11 点，乔·吉拉德忍不住给客户打了一个电话，询问客户突然改变主意的理由。客户不高兴地在电话中告诉他："今天下午付款时，我同您谈到了我的小儿子，他刚考上密歇根大学，是我们家的骄傲，可是您一点也没有听见，只顾跟您的同伴谈篮球赛。"

乔·吉拉德明白了，这次生意失败的根本原因是因为自己没有认真倾听客户谈论自己最得意的儿子。

懂得如何倾听的人最有可能做对事情、赢得友谊，并且把握别人错过的机会。因为倾听不仅是耳朵听到相应的声音的过程，而且是一种情感活动，需要通过面部表情、肢体语言和话语的回应，向对方传递一种信息——我很想听你说话，我尊重和关心你。

倾听不仅可以满足对方的需要。与此同时，听还可以了解对方是否真正理解你刚才所说的话的含义。因此，一个善解人意的倾听者会从以下几个方面做起：

1. 用心倾听

倾听要用心、专注，也就是全神贯注，聆听的时候不要插嘴，尽量把你的语言减到最少，因为说话和聆听是不能同时进行的。轻松自如地和对方保持良好的目光接触，目光接触的另一个含义是"我正在听你讲话"。

2. 及时回应

在对方讲话的过程中，你要辅以适当的表情、动作或简短的回应语句，这样才能激起对方继续谈话的兴趣。遇到听不清或没听懂的地方，可以用你自己的话重新复述对方刚刚说过的话，可以这样说："你的意思是……"这表明你在心无旁骛地倾听他说的话，同时，也能确认自己是否已经正确理解了对方表达的意思。

3. 不要轻易打断客户的谈话

倾听实际上是留给客户的谈话时间，认真倾听的态度会给客户留下良好的印象,所以在对方的谈话未完成之前,不要随意打断客户的谈话或插嘴、接话,而且更不能不顾客户的喜好,擅自谈论别的话题。

4. 不要做出分心的举动和手势

尽量避免做出让人感觉你的思想在游走的举动,这样说话者就知道你确实是在认真地倾听。在倾听时,不要一直看表,心不在焉地乱翻档案,随手拿笔乱写乱画,这些举动会让说话者感到你很厌烦,对话题不感兴趣,更重要的是,这表明你并没有集中注意力,因此很可能会漏掉说话者传达的一些有效信息。

顺着对方的思路,说自己的理

顺着对方的思路走,并不是不允许表达任何个人意见,而是避免自己成为别人眼里不合时宜的人。换言之,顺着对方的思路走,再逐渐转引到你的目的上,这只是方法,而不是目的。这种一拉一推的方式,温和而避免尖锐冲突,有时退一步比咄咄逼人更显得有力。

在说服别人的时候,不要急着表明自己的立场,先听别人说话,多点头,表示你在专注与附和。先顺着对方的思路引导,让对方觉得你是站在他的立场,征求他的意见,而不是想要改变他的观点,这样他就会放松警惕,顺着你的思路,最终达到你想要的效果。

对于无关紧要的事,没必要过于坚持己见,多点头就可以了。在《史记·滑稽列传》中有一个"优孟谏楚王葬马"的故事。

楚庄王有一匹心爱的马,给它穿华美的衣服,养在富丽堂皇的屋子里,用蜜饯的枣干来喂它。结果这匹马因为喂得太肥,反倒死了。庄王非常痛心,派群臣给马办丧事,要用棺椁盛殓,依照大夫那样的礼仪来葬埋死马。众臣相劝,认为不可以这样做。庄王下令说:"有谁再敢以葬马的事来进谏,就处以死刑。"

优孟听到此事,走进殿门,仰天大哭。庄王诧异,问其缘故,优孟答道:"这是大王您最喜爱的马呀,理应厚葬!堂堂楚国,地大物博,国富民强,什么排场摆不出来呀。而大王只以大夫的丧礼来葬马,太寒酸了!我看应以国君的葬礼来安葬它。"

庄王问:"那该怎么办呢?"

优孟说:"应以雕玉为棺,文梓为椁,调动大批士卒修坟,征用大批百姓负土。送葬时,让齐国、赵国的使节在前面陪祭,让韩国、魏国的使节在后面护卫;为它造起祠庙,祀以太牢之礼,奉以万户之邑。这样一来,诸侯各国就都知道大王把马看得很尊贵,把人看得很卑微了。"

庄王一听,突然醒悟过来,深责自己险些铸成大错,遂打消了用大夫之礼葬马的念头。

庄王葬马,是一件很荒谬的事情。但正面规谏,明显无法取得效果,甚至会因此丧命。优孟的聪明之处就在于他没有继续直谏,而是采用顺水推舟的策略,顺着庄王荒谬的思路向前延伸,把楚庄王认为合理的东西做了极端的夸张,让楚庄王本人意识到行为的荒谬,才心悦诚服地弃非从谏。

由此可见,我们在说服别人时,要把说服对象的注意力转移到对方感兴趣的地方去,让对方清楚自己的行为最终可能导致的结果,对方自然而然知道你想要传达的思想,从而达到良好的效果。

顺着对方的思路去接近对方,一定要确定自己的行动目标,把握正确的行动步骤和方法,适时观察对方的反应,迅速地做出调整和应对。唯有如此才能使对方心悦诚服,达到说服的目的。如果你执着地坚持己见,和对方立场相对,把说服演变成争辩,当然会距目标越来越远了。

再看一则战国时代著名的军事家、大谋略家孙膑说服齐威王上山的故事。

一天,齐威王和孙膑来到一座山的脚下。

"你能让我自愿走上山顶吗?"齐威王忽然问孙膑。

"陛下,我实在没有能力让您自愿走上山顶。不过,如果您在山顶上的话,我倒是能让您自愿走下来。"孙膑自信地说。

齐威王根本不信,就随孙膑上到了山顶。

"陛下,我已经让您自愿走上山顶了。"孙膑笑着说。

这是一个很典型的案例。这个策略主要是让对方出乎意料、意想不到。齐威王提此要求,意在不论孙膑使用何种手段,坚决不上山。但孙膑却采用先顺着齐威王的意思示弱，居然和他站在同一边。如此一来，孙膑以暂时的妥协退让引齐威王入套，让他在不知不觉中进入自己的预谋，最终成功说服齐威王上山。

所以，与他人交谈时，先不要急着切入正题，应当灵活地使对方在不知不觉当中进入你预先布置好的"套"之中，从而达到自己的说服目的。

想要提高自己的说服力，顺利地说服别人，就要了解对方的想法，站在对方的立场、顺着对方的意思用语言消除对方的抵触心理，再因势利导，进而达到说服的目的。具体可以从以下几点做起：

1. 学会多听

如果在说服中，一味地给别人灌输自己的观点，则犯了说服的大忌。每个人都有发表欲，尤其是在社会上取得一些成就的人士。当对方展开长篇大论时，可先做一个倾听者来满足对方的虚荣心，同时在对方的言语中了解对方的观念。然后顺着他表达的意思，表示赞同和钦佩，同时在适当的时机提出一些问题让对方给予指导。如此一来，对方心情大好，很可能会对你敞开心扉。说服第一步便有了成效。

2. 不对被说服对象的观点正面否定

当你和说服对象在交谈过程中，无论他的观点你多么无法认同，也不要正面否定。因为，一个人的思维不会因别人的抗拒而轻易改变。同时，你正面的否定会让对方下不了台，甚至会因此和你起冲突，最终导致结果背道而驰。

3. 借势引导

借势引导是说服过程中最关键的一步，如果你顺着对方的思路已经达到让对方满足的目的，此时把你的意思顺势巧妙地表达出来，不要引起对方的抗拒和不快。这个"巧妙的表达"就是引导。也就是说，在整个说服过程中，一定要时时把握住"引导"的方向不变，才能达到你想要的效果。

总之，要想提高自己的说服力，就要学会因人因事制宜，用对方容易接受的方式，在恰当的时机说。

适时"搭腔附和"，与对方形成互动

一个好的交流者必定是一个好的提问者，就像打乒乓球一样，你在把球打出去的同时还能让对方打回来，这样一来一往，才能够真正算得上是成功的交流。

成功的沟通是一个双方互动的过程，如果只有一个人说话，永远都称不上是交流，更谈不上是有意义的沟通。有效地互动，你一言我一语才是交谈成功的前提。

在人际交往过程中，要想有效地与对方互动，就要做一个会问问题、能打开别人话匣子的交流者。如果你既想让别人开口，又想让自己掌握和控制谈话，那么就要学会提问。有效的提问可以促进交谈，使双方的表达更加顺畅。一个得体恰当的问题往往能引起对方积极的回应和愉悦的情绪。

但是,在现实生活中,很多人其实并不懂得如何提问。我们不妨来看看下面的案例。

小露生完孩子后就做了全职太太,一心一意在家里照顾孩子,孩子几乎占据了她的全部精力。直到丈夫向她提出抗议,说她不关心自己,小露才意识到自己忽视了丈夫的感受。

于是,为了表示对丈夫的关心,每天丈夫下班回来,她都会关切地问一句:"今天怎么样啊?"

丈夫也只是冷淡地回应一句:"还行。"

接下来,两个人似乎都失去了表达的欲望。

在这个案例中,小露的问题太宽泛了,丈夫似乎只能简单回答,两个人没有形成有效的互动。而且,"今天怎么样"这样的问题听上去就像是随口问问,不是真的想了解什么情况,所以回答也往往是套话、敷衍。让丈夫每天都要回答这样的问题,他一定会感到厌烦。

如果小露读读报纸、看看新闻,在丈夫休息的时候就他比较熟悉的话题提出一些具体和开放式的问题,就不会向丈夫提出诸如"怎么样"之类的问题,而是和丈夫聊起他喜欢的话题。这样,两个人你一言我一语便能形成很好的互动,心情自然非常开心,夫妻感情也将更加融洽。

张先生在一次聚会上碰到了年轻的护士小曼,对她一见倾心,于是主动与她攀谈。他说:"小曼,你觉得医院和诊所的医疗水平有多大差距？"

小曼顿时不知该怎样回答，只好尴尬地说："哦，我一时还真说不好。"说完就走到了人群的另一边，让张先生郁闷不已。

在这个案例中，张先生的问题在于提的问题太过严肃了。这样的问题可能需要小曼花费很多精力和时间去查找资料或用心观察一段时间之后才能回答。在初次见面时一般人不会有这样的耐心去回答这样的问题。

试想，张先生如果换一种方式，放弃谈论什么医院和诊所的复杂问题，而是这样开口："听说护士都喜欢医生，这是真的吗？"小曼也许就会笑着回答："你是听谁说的？这可不一定啊。"甚至会觉得张先生很有趣，从而对其多加关注。这样交谈，才称得上有效的互动，并在互动中增进彼此的了解。小曼也就不会觉得这个人太过严肃而转身走开了。

交流要掌握分寸和技巧，不合时宜的提问会引起对方的厌烦；不合适的问题也会招致别人的反感。一个好的交流者必定是一个好的提问者，根据上面的例子，我们可以总结出提问的几个注意点：

1. 提问要具体

面对具体的提问，对方有话可说。太抽象的提问让人无从回答，不知从哪儿说起，甚至会产生反感的情绪，比如"今天怎么样"之类的问题。所以，提问要具体，不要宽泛，尽量让对方用更多的语言来回答。

2. 提问由简到难

提问刚开始要简单，不要太复杂，可以逐步深入。太复杂的问题，让对方不好答话，尤其不利于和不太熟悉的人进行交谈。

3. 不要带有引导性

如果是一个引导性的提问，会让别人除了顺从别无选择。例如"每天晚上看两个小时电视就够了，你说呢？""已经很晚了，你就不要出去了，怎么样？"这样的问题对对方似乎是一种命令，而不是征求对方的意见，对方自然不想发表观点。

4. 不要加入个人意见

提问时事先不要加个人意见，尤其是否定意见。当别人还没有表达自己的时候，你首先就已经表示了不赞同。这样一来，就阻断了对方原本可能想和你进行的讨论——既然你不同意，那就没有再讨论的必要了。对方会感到不愉快，没有表达的机会。

如果你能在生活中注意这几点，就不会因为不恰当的提问而引起别人的反感了。提问是我们交流中的一大部分，在提问中游刃有余，才能更自如地交往！

让出谈话主动权，摸清对方的思维

我们也许有过这样的经历：和别人聊起一个对方很感兴趣的话题时，对方开始打开话匣子，没完没了地说。一开始，自己还觉得很投机，后来就开始不耐烦，接着是厌烦。原因是什么？很简单，对方只顾自己说，而忽略了你。谁都不乐意一味地听别人说话，所以与人交谈时，即使是一个很好的话题，对方很感兴趣，说话时也要适可而止，不可无休无止，说个没完，否则会令人厌倦。说完一个话题，应当停一下，让别人发言。若对方没有说话的意思，而整个局面由于你的发言而人心向你，仍由你来支持局面，就必须要另找话题，如此才能引起大家的兴趣并保持生动活泼的气氛。

在谈话当中，对方的发言机会虽为你所控制，但是在说话过程中，应容许别人说话，给别人说话的机会。更好的方法是找机会引导别人说话，这样气氛更浓，大家的兴致更高，朋友之间也更融洽。当说到某一节时可征求别人对该问题的看法，或在某种情形时请他试述自己的见解。总之，务必使对方不致一味地听着，才不失为一个善于说话的人，不失为一个明智的人。如果话题转了两三次，而别人仍无将话题接过去的意思，或没有主动发言的能力，应该设法在适当的时候结束谈话。即使你精神好，也应该让别人休息。自己包办大半发言的机会，是不得已时才偶尔为之的方法。千万不要以为别人爱听你说话，就不管别人的兴趣而随便说下去，这背离了说话的艺术之道。

在社交中，最好的谈话是有别人的话在里面。有时会有那种看来不爱说也不爱听的人，常常坐在一个角落里，当他偶然听见另外一些人哄然大笑时，也照例跟着一笑，但是那种笑容随即就收敛了，他的眼光已经移到窗外或者其他的目标上。

　　面对这类人，只要知其症结所在，你便可以在几句谈话中探得他的学问兴趣，然后和他谈论下去，这样便很自然引起谈话内容。只要你恰当地提一些问题，就可以得到一个增长你学识的机会。他见你谈吐不俗，一定会引你为知己，如此一来，僵局就打开了。年纪较大或较小的一类，因年龄差距大，社会经历、生活经验不同，因而兴趣不同，趣味也无法相投。所以可以采用上述方法来打开话题。

倾听不抢话，为开口说服做足准备

　　有人说："不肯留神去听人家说话，这是不受人欢迎的原因之一。一般的人，他们只注重自己应该怎样说下去，而不管人家要怎样说。须知世界上多半是欢迎专听别人说话的人，很少欢迎自己说话的人。"

　　与人交谈时要暂时忘记自己，不要老是没完没了地谈个人生活、自己的孩子、自己的事业。你要在交谈中给对方发表意见的机会，可以尽量去引导别人说他自己的事情。同时，你以充满同情和热诚的心去听他的叙述，一定会让对方高兴，给对方留下良好的印象。

　　如果有几个朋友聚在一起谈话，当中只有一个人口若悬河，其他人只是呆呆地听着，这就成了他的演讲会，让在场的其他人感到无可奈何和愤怒。每个人都有发表欲。小学生对老师提出的问题，争先恐后地举起手来，希望教师让自己回答。即使他对这个问题还不是彻底地了解，只是一知半解，还是要举起手来的，也不在乎回答错误要被同学们耻笑。这就说明人的表现欲是天生的，因为小学生远不如成年人有那么多顾虑。成人在听人家讲述某一事件时，虽然他并不像小学生那样争先恐后地举起手来，然而他的喉头老是痒痒的，他恨不得对方赶紧讲完了好让他讲。

阻遏别人的发表欲，人家一定不高兴。你在此情况下就很难得到别人的认同，为什么要做这样的事呢？你不但要让别人有发表意见的机会，还得设法引起别人说话的欲望，使人家感觉到你是一位使人欢喜的朋友，这非常有利于沟通。

在与人交谈的过程中，与其自己唠唠叨叨地说，还不如爽爽快快让别人去说，反而会得到意想不到的结果。如果能够给别人说话的机会，你就给别人留下了一个好印象。以后，别人就会更愿意与你交谈了。

能说会道的人很受欢迎，而善于倾听的人才真正深得人心。话多难免有言过其实之嫌，或者被人形容为夸夸其谈。静心倾听就没有这些弊病，倒有兼听则明的好处。用心听，给人的印象是谦虚好学，是专心稳重，诚实可靠。所以，有时候用双耳听比说更能赢得他人的认可和赞誉。

幽默回应，活络气氛最好用

在与陌生人相处时，幽默的言语能够巧妙地化解尴尬，让别人开心一笑，就自然而然地拉近了彼此的距离。为了丰富学生的课余生活，某大学专门邀请一位著名教授举办了一个讲座，但由于临时改变地点，时间仓促，又来不及通知，结果到场的人很少。教授到了会场才发现只有十几个人参加。

教授有点尴尬，但不讲又不行，于是随机应变，说："会议的成功不在人多人少，今天到会的都是精英，我因此更要把课讲好。"这句话把大家逗得开怀大笑。这一笑，活跃了气氛，再加上教授讲课充满激情，使得那一次讲座非常成功。当然，在幽默的同时还应注意，重大的原则总是不能马虎，不同问题要不同对待。在处理问题时要灵活，做到幽默而不落俗套，不失体面地博得他人一笑，这样才能有效拉近与他人的关系。

幽默是一种机智和成熟的表现，是生活的调味品，是人际关系的润滑剂，它给人们带来轻松的笑声和欢乐，削减矛盾和冲突，缩短人与人之间的距离。幽默能改善人际关系或摆脱困境，更有利于个人的身心健康、社会的轻松和谐，它是一种高雅的生活情操。善用幽默的人不仅受人喜爱，能获得别人更多的支持和帮助。

当然，幽默的重要性远不止上面这些。只要我们学会并且善用幽默，会发现幽默的力量真是无穷大。运用幽默的方式来办事，我们会活得更加轻松愉快。

其实，幽默是人的天性，所有人都向往愉悦和欢乐的生活。在生活中遇到不如意的事，会调侃的人懂得如何调剂，通过调侃传递出快乐的信息，这样的人乐观且幽默，看待问题达观，对生活充满激情和憧憬，浑身上下洋溢着使人愉快的气息。

适当制造沉默，掌控说话节奏

大家都认为，既是说服，当然就得凭借好口才。其实，偶尔采取沉默战术同样可以达到说服的效果。沉默可以引起对方注意，使对方产生迫切想了解你的念头。以下我们就来看看一个利用沉默成功说服的例子。

日本一家著名的电机制造厂召开管理员会议，会议的主题是"关于人才培育的问题"。会议一开始，山崎董事就用他那特有的声音提出自己的意见。

"我们公司根本没有发挥人才培训的作用，整个培训体系形同虚设，虽然现在有新进职员的职前训练，但之后的在职进修却成效不明显。职员们只能靠自己摸索来熟悉工作，这很难与当今经济发展的速度衔接在一起，因而造成公司职员素质水平普遍低下、效益不高。所以我建议应该成立一个让职员进修的训练机构，不知大家看法如何？"

社长提出了不同意见："你所说的问题的确存在，但说到要成立一个专门负责培训职员的机构，我们不是已经有OJT（On the Job Training，职员训练）了吗？据我了解，它也发挥了一定的功用，我认为这一点可以不用担心……"

山崎又说："诚如社长所说，我们公司已经有OJT组织，但它是否发挥实际作用了呢？实际上，职员根本无法从中得到任何指导，只能跟着一些老职员学习那些已经过时的东西，这怎么能够将职员的业务水平迅速提升呢？而且我观察到许多职员往往越做越没有信心、越做越没干劲。所以，我认为OJT的功能不明显，所以还是坚持……"

"山崎，你一定要和我唱反调吗？好，我们暂时不谈这个话题，会议结束后我们再做一番调查。"

就这样，一个月后公司主管们重新召开关于人才培训的会议。这次社长首先发言："首先我要向山崎道歉，上次我错怪他了。他的提案中所陈述的问题确实存在。这个月我对公司的OJT进行了抽样调查，结果发现它竟然未能发挥应有的功效。因此，今天召集大家开会是想讨论一下应该如何改变目前人才培育的方法，请大家尽量发表意见吧！"

社长的话一出口，大家就开始七嘴八舌地提出建议。但令人奇怪的是，这一次山崎董事却始终一言不发地坐在原位，安静地聆听着大家的意见，直到最后他都没说一句话。

会议结束以后，社长把山崎董事叫进社长办公室。"今天你怎么啦？为什么一句话也不说？这个建议不是你上次开会时提出来的吗？"

"没错，是我先提出来的。不过上次开会我把该说的都说了，其实那无非是想引起社长您对这个问题的重视罢了。现在目的已经达到，我又何必再说一次呢？还不如多听听大家的建议。"

"是吗？不错，在此之前我反对过你的提议，你却连一句辩解也没有。今天大家提出的各种建议都显得很空洞，没有实际的意义，反倒是你的沉默让我感到这个问题带来的压力。这样吧，这件事就交给你去办好了！从今天起由你全权负责公司的人才培训工作。请好好努力吧！"

在特定的环境中，缄默常常比论辩更有说服力。我们说服人时，最头痛的是对方什么也不说。反过来，如果劝者什么也不说，对方的错误意见就找不到市场了。

不同的缄默方式有不同的作用，运用时必须恰到好处。

咄咄逼人的缄默能使人不攻自破。有一个小学生，一天他拿了同学的一个玩具。晚饭前回来，他装出一副若无其事的样子，同往常一样笑吟吟地说："妈，我回来了！"缄默。"姐，我饿了。"缄默。"怎么了？"缄默。"我没做错事啊？"还是缄默。妈妈眼睛瞪着他，姐姐背对着他，全家都冷冰冰地对待他。他终于不攻自破了："我错了……"

平平淡淡的缄默能发人深省：有些人态度很积极，但发表意见时不免有些偏颇，直截了当地驳回又易挫伤其积极性，循循诱导又费时，精力也不允许，最好的办法便是平平淡淡地缄默。他说什么，你尽管听，"嗯""啊"……什么也不说，等他说够了，告辞了，再用适当的不带任何观点的中性词和他告别："好吧"或"你再想想"。别的什么也不说。如此，他回去后定然要好好想想：今天谈得对不对？对方为什么不表态？错在哪里？也许他会向别人请教，或许会自己悟出真谛。

转移话题的缄默能使人乐而忘求：对要回答的问题保持缄默，而选准时机谈大家的热门话题并引人入胜，使对方无法插入自己的话题，且从谈话中悟出道理，检讨自己。

义无反顾的缄默能使人就范：某领导有一次交代下属完成一个较困难的任务，当然，他能胜任。交代之后，对方讲起了"价钱"。于是该领导义无反顾地保持缄默，连哼也不哼。困难如何大、条件如何差、时间如何紧……说着说着他就不说了，最后说了一句："好，我一定完成。"

沉默是金，有时沉默不语能够出奇制胜，如果滔滔不绝有时反而有理说不清。

有时候，在沉默的同时以另一种行动的方式来代替口头表达，说服的效果是妙上加妙的。

就拿领导来说，其行动对他的部下必然产生很大的影响，因此，领导要有身先士卒、上前线的风范，以推动工作的开展。

建立起"西武王国"的堤康次郎曾经多次教育他的儿子——长大后成为日本西武铁路公司总裁的堤义明，说："要让职员们跟随你，你必须要比别人多干 3 倍的工作。"

堤康次郎是以他的经验教育经营者应该具有的态度，这句话也同样适合任何一位担任领导和主管工作的人。

想要别人做到的，首先要自己带头去做，否则不但说服起不了什么效果，部下也不会服从。"比别人多干 3 倍的工作"比使用任何语言都具说服力。

身体力行是说服部下的先决条件。

光说不干，指手画脚，是绝不可能充分说服部下开展工作的。俗语说得好："说一千，道一万，不如自己干一干。"自己率先实行的态度，比对部下讲大道理更具说服力。此种无言的说服是最好的说服。

主动倾听，保持良好的沟通态度

在日常生活中，能聆听别人意见的人，必是一个富有思想、有缜密思维和谦虚性格的人。这种人在人群中，起初也许不太引人注意，但最后必是最受人敬重的。因为他虚心，所以受所有人欢迎；因为他善于思考，所以便为众人所敬仰。

怎么去做一位"听话"的高手呢？首先，要"专注"。别人和你谈话的时候，你的眼睛要注视着他，无论他的地位和身份比你高或是低，你都必须这样做。只有虚浮、缺乏勇气或态度傲慢的人才不去正视别人。

其次,别人和你说话时,不可做一些与此无关的事情,这是不恭敬的表现。而且当他偶然问你一些问题,你就会因为不留心听他所说的话而无从回答了。

聆听别人的话时,偶尔插上一两句赞同的话是很好的,不完全明白时加上一个问号也是非常必要的,因为这正表示你对他的话留心了。

但是,你不可以把话抢过来,滔滔不绝地说自己的,除非对方的话已告一段落,轮到你说话时才可以这样做。

无论他人说什么,你不可傲慢地纠正他的错误,如果因此而引起对方的反感,那你就不可能成为一个良好的听众了。批评或提出不同意见也要讲究时机和态度,否则,好事会变成坏事。

有些人常喜欢把一件已经对你说过好几次的事情重复地说,也有些人会把一个说了好多次的笑话还当新鲜的东西。

你作为一位听众,此时要练习忍耐的美德了。你不能对他说"这话你已经说过多次了",这样会伤害他的自尊心。你唯一能做的事是耐心地听下去,你心里明白他可能是一个记忆力不好的人。而且他对你说话时充满了好感和诚意,你应该同样用诚意来接受他的诚意。

但如果说话的人滔滔不绝而你又毫无兴趣,觉得花时间和精力去应酬他是十分不值得的。这时,你应该用更好的方法,使他停止这乏味的话,但千万要注意,不可伤害他的自尊心。

最好的方法是巧妙地引他谈第二个话题，尤其是一些他内行而你又感兴趣的话题。

为了让自己更会"听话"，最好做好以下 5 个方面的训练：

（1）训练"听话"时的注意力。想听得准确，必须排除干扰。可以用这样的方法来训练：同时打开两台以上的收音机，播放不同内容，然后复述各个收音机播放的内容。

（2）训练"听话"时的理解力。可用这样的方法：找朋友闲聊，但要有意识地锻炼自己的理解力。

（3）训练"听话"时的记忆力。就是学会边听边归纳内容要点，记住关键性词语，以及重要的事实和数据。

（4）训练"听话"时的辨析力。学会迅速分辨出争论各方的不同观点和逻辑关系，并加以评析。

（5）训练"听话"时的灵敏力。灵敏力即很好地在各种场合与各种对象交谈的能力。

作为一个聆听者，除了能对他人有个了解，增长见识之外，事实上还应对别人的说话艺术及风格有所关注。汲取积极经验，总结错误教训，以使自己日后在说话时不至于犯同样的错误。经过足够的训练，再加以实际锻炼，你一定会成为一名"听话高手"。

第八章

渗透潜意识,
张嘴就能赢

与对方的思维保持同一频道

什么是同步心理呢？同步心理就是凡事跟他人同步调、同节奏，也就是"追随潮流主义"，是那种想过他人向往的生活、不愿落于潮流之后的心理。正是由于同步心理的存在，那种不顾自身财力和精力，也不管是否真心愿意而豁出去做的念头，就很容易趁势而入，支配人们的行为，促使人们盲目地做出与他人相同的举动，因而陷入生活拮据的窘境。现在，这种同步心理相当严重。"大家都这样"等字眼的频繁使用，正是这种"从众"心理的体现。

妻子："听说小张买了房子，而且还是座小型花园别墅，总共有90平方米。真好啊！我们的一些朋友都已经陆续有了自己的家。唉，真是让人羡慕，什么时候我们也能和他们一样呢？"

丈夫："啊，小张？真是年轻有为啊！我们也得加快脚步才行，总不能在这里待上一辈子吧。可是贷款购房利息又沉重得惊人。"

妻子："小张还比你小5岁呢。为什么人家可以，你就不行呢？目前贷款购房的人比比皆是，况且我们家也还负担得起。试试看嘛！不如这个星期我们去看看吧。现在正是促销那种花园别墅的时机呢。买不买是另一回事，看看也不错！"

于是星期天一到，夫妇俩就带着孩子去参观正在出售的房子。

妻子："这地方真好啊！环境好又安静，孩子上学也近，而且房价也是我们负担得起的。一切都那么令人满意，不如我们干脆登记一户吧！"

丈夫："嗯，是啊！的确不错。我们应该负担得起。就这么决定吧！"

这句话正中妻子之意。她早看准了丈夫的决心一直在动摇，而用旁敲侧击的方法让他做出决定，这是妻子的成功所在。

这位妻子为何能够如愿以偿呢？因为她懂得去激发同步心理。

上述例子中的妻子成功地掌握了丈夫的同步心理，进而采取相应的说服对策。她先举出邻居小张的例子，继而运用"大家都买了房子""大家都不惜贷款购房"等一连串话语来激发丈夫的同步心理。

通常人们在受到这类刺激后就很容易变得没主见，掉入盲目附和的陷阱。所以，推销员或店员经常会搬出"大家都在用"或"有名的人也都用"等推销话语，促使人们毫不犹豫地接受。

说服人，不仅用"嘴"还要走"心"

说服的最佳效果是双方达成共识，而启发对方进行心理位置互换，让对方设身处地体验别人的心理，主动调整自己的态度和行为方式，则是达到这一目的的行之有效的方法之一，这种方法就是将心比心。技巧有以下几个方面：

1. 创造良好的谈话氛围

与好抵制者的交锋多半在会面开始前就注定要失败了。比如当你在与下属谈起以前那件事情时，你可以从那些非语言动作，如嘴巴紧张不安地抽动、无缘无故地咳嗽、搔头皮可以看出，他头脑中的警报系统正在响起。使他害怕的原因是，他已经估计到这次见面可能有不愉快的结果。跟态度固执的下属谈话，需要营造良好的氛围，因此你一定不要那么严肃，而是应该采取令人愉快的建设性的态度。

2. 把话题紧紧控制在你的要求上

你最好学会在几秒之内讲出为促成变化而特地设计的妥协条件。例如，"小王，如果所有工作在星期五中午前修改完，那你星期五下午就可以休息了，好吗？"

你微笑着简要地讲明变化，接着说"好吗""同意吧"或者"我们就这么定吧"，不要多说，你提的是合理建议，给对方机会表示同意。如果在等待同意时保持微笑而且闭嘴不说话，就可以避免一个大错——继续讲下去。

3. 判断对方的真实想法

认真分析对方的反应，如果对方给你的回答不是"行"，那就要仔细分析他的反应，搞清楚他的反对是合理的还是抵制性的。把注意力集中在对方的反应上，同时切忌主观臆断。你让人搬一件重物，而他告诉你他的背部肌肉刚刚拉伤，这时你的表态一定要恰当。如果你把它错误判断为躲避工作的借口，那你就很可能面临一起投诉或伤残索赔。

对争辩也要做仔细分析。如果有人公开批评或不同意你的要求，你容易把它看作是抵制而加以拒绝。不要这样做，要耐心倾听，看看他的论点是否言之有理。如果他的情况情有可原，或者论据合理，就不要坚持让他服从你的要求。承认他的批评是正确的，感谢他指出这一点，收回或修改你的要求。

4. 堵死对方拖延推脱的企图

对方利用一个又一个抵制战术，想要避免变化并试图令你厌倦。在他得逞之前就要迅速采取行动。通过介绍抵制的可能后果，堵死对方拖延讨论的企图。

"杰斯，如果我们不能在30秒内就这件事达成一致，那么他就没办法了，只要……"警告对方即将面临的负面后果，不必采用强加于人的做法去吓唬对方，而是让可能的后果去起作用。

5. 巩固对方已有的转变

当对方同意做出你所要求的变化时，要落实整个"交易"。重述一遍变化的细节并征求他的同意。写成书面协议可能会有用处，然后由双方签署。

将心比心是站在对方的角度谋划和考虑，理解对方的心理、对方的需求、对方的困难，因此这种说服方法容易使对方接受，并能达成统一认识。

永远站在别人的立场去想,并从对方的观点去看事物的趋向。如果你从书本学到的是这样一件事,那就不难成为你一生事业的一个关键。

心理学家哈斯说过:"一个酿酒专家也许能给你许多理由来解释为什么某一种牌子的啤酒比另一种牌子的要好。但如果你的朋友,不管他对啤酒是否在行,教你选购某种啤酒,你很可能听取他的意见。"

另一位心理学家莫恩在加利福尼亚州一个海滩上搞了一个传播训练公司,在培训过程中他发现,最佳商品推销员都能模仿顾客的声调、音量和言辞,表现顾客的姿态和情调,甚至还能下意识地在呼吸动作上与顾客相协调,好像是顾客的一面镜子把顾客发出的每一个信号反射回去。

毋庸讳言,这种在具体行动上,甚至是些很微不足道的方面表现出来的在感情上与听众的亲近感与认同感,往往会使你得到巨大的感情回报和共鸣。而一旦建立了这种感情共鸣,就不需要苦口婆心地劝诫与说服。

用互惠原理打动对方

在第一次世界大战中,有一次德国特种兵的任务是深入敌后去抓俘虏回来审讯。当时打的是堑壕战,大队人马要想穿过两军对垒前沿的无人区，是十分困难的。但是一个士兵悄悄爬过去，溜进敌人的战壕，相对来说就比较容易了。参战双方都有这方面的特种兵，他们经常被派出去执行任务。

有一个德军特种兵以前曾多次成功地完成了这样的任务，这次他又出发了。他很熟练地穿过两军之间的地域，出乎意料地出现在敌军战壕中。一个落单的士兵正在吃东西，毫无戒备，一下子就被缴了械。他手中还举着刚才正在吃的面包，这时，他本能地把手里的面包递给对面突然出现的敌人。这也许是他一生中做得最正确的一件事了。

面前的德国兵忽然被这个举动打动了，并导致了他奇特的行为——他没有抓这个敌军士兵回去，而是自己回去了，虽然他知道回去后上司会大发雷霆。

这个德国兵为什么这么容易就被一块面包打动了呢？人的心理其实是很微妙的。人一般有一种心理，就是得到别人的好处或好意后，就想要回报对方。虽然德国兵从对手那里得到的只是一块面包，或者他根本没有要那个面包，但是他感受到了对方的善意，即使这善意中包含着一种恳求，这是很自然地表达出来的，在一瞬间打动了他。他在心里觉得，无论如何不能把一个对自己好的人当俘虏抓回去，甚至要了他的命。

其实这个德国兵不知不觉地受到了心理学上"互惠原理"的左右。这种得到对方的恩惠，就一定要报答的心理，就是"互惠原理"，这是人类社会中根深蒂固的一个行为准则。

一位心理学教授做过一个小实验：他在一群素不相识的人中随机抽样，给挑选出来的人寄去了圣诞卡片。虽然他也估计会有一些回音，但却没有想到大部分收到卡片的人，都给他回了一张。而其实他们都不认识他！

给他回赠卡片的人，根本就没有想过打听一下这个陌生教授到底是谁。他们收到卡片，自动就回赠了一张。也许他们想，可能自己忘了这个教授是谁了，或者这个教授有什么原因才给自己寄卡片。不管怎样，自己不能欠人家的情，给人家回寄一张，总是没有错的。

这个实验虽小，却证明了互惠原理的作用。互惠是人类社会永恒的法则，它是各种交易和交往得以存在的基础。互惠原理认为，我们应该尽量以相同的方式回报他人为我们所做的一切。

及时地回报，可以表明自己是知恩图报的人，有利于相互之间继续交往。而且，如果不及时回报，会给你带来一些麻烦。你一直欠着这个人情，如果对方突然有一件事反过来求你，而你又觉得不太好办的话，就很难拒绝了。

当然，在关系很亲密的朋友之间，就不一定要马上回报，那样可能反而显得生疏。但也不等于不回报，只是时间可能拖得长一些，或有了机会再回报。

朋友间维护友谊遵循着互惠原理，爱情之间也是如此。其实世上没有绝对无私奉献的爱情，不像歌里和诗里表现的那样。爱情也是讲求互惠互利的，双方需要保持一个利益的平衡。如果平衡被严重打破，就可能导致关系破裂。

人与人之间的互动，就像坐跷跷板一样，要高低交替。一个永远不肯吃亏、不肯让步的人，即使真正得到好处，也是暂时的，迟早要被别人讨厌和疏远。

巧用同情心，3分钟搞定对方

大多数人都具有同情心，即使铁石心肠的人也不例外。同情能够加强别人对你的理解。

在很多时候，用感情打动别人，激起别人的同情心，比一味地讲大道理更有效果。一位遭人欺凌的受害者在向某领导告状时十分冲动，口出狂言秽语，使得这位领导很是反感。因而，问题迟迟不予解决。后来，此人绝望了，痛苦不堪，几欲轻生，反倒引起了这位领导的同情与重视。

当然，这并不是说，凡告状者都要摆出一副可怜的样子。而是说，告状者在请求解决问题时，应该激起听者的同情心，使听者首先从感情上与你接近，产生共鸣，这就为问题的解决打下了基础。人心都是肉长的，只要你将受害的情况和内心的痛苦如实地说出来，处理者都是会同情的。

同情心可以促进处理者对受害人的理解，但这并不等于说马上就会下定处理的决心。因为处理者要考虑多方面的情况，有时会处于犹豫之中，甚至会抱着多一事不如少一事的态度，不想过问。这时候，当事人就得努力激发处理者的责任感，要使处理者知道，这是在他职责范围以内的事，他有责任处理此事，而且能够处理好此事。

当你向别人讲述自己的遭遇时，不妨用你凄怆的眼泪来博得对方的同情，让对方的感情之水随着你的感情一起波动，这样就会促使对方伸出援助之手，帮助你把事情办成。

人都是感情动物。只要你能博得其同情，你所求的目的就容易达到。在求人的时候，如果必要，完全可以以眼泪开道，相信成功的概率会大大增加。

先说一句"我错了"，跳开对错话题的"循环论证"

法国著名作家拉罗什富科曾说过："没有什么人比那些不能容忍别人错误的人更经常犯错误了。"确实，我们在生活中，总会发现周围的人犯这样或那样的错误。于是，如何做到批评但又不伤害他人，成了与人交往中很重要的一门学问。

也许你会说："批评还不容易，直接告诉他'你错了'或'你某些地方做得不对'，很简单嘛。"然而，我们都知道，人是有自尊的，很少有人不会主动地去维护自己的意见和看法。因此，几乎没有谁在听见"你错了"三个字时，内心仍能非常平静。大家往往会为来自他人的批评指责闷闷不乐，冲动的人甚至可能当即暴跳如雷、反唇相讥。

千万不要小看"你错了"直截了当的三个字，在人际交往中，破坏力最强的莫过于这三个字了。它通常不会造成任何好的效果，只会带来一场不快、一场争吵，甚至会使朋友变成对手，使情人变成怨偶。在我们肆无忌惮地用它指责别人的错误时，几乎意识不到，这样做是会给别人的心中留下疤痕的。

从人性的角度来说，做错事的人只会责怪别人，而不会责怪自己——我们都是如此。这不是度量的问题，而是人性的问题。只有极少数人能够克服人性的弱点而使度量大到能接受批评的程度。

那么，想批评别人的时候，我们采用什么方式好呢？20世纪著名的成功学大师戴尔·卡耐基曾指出，想对他人表达"你错了"的批评意图，不妨先承认"我错了"，这对沟通和解决问题更有好处。

有一位著名的作家用主动认错的方式赢得了读者的尊重。在长达二十年社会纪实体裁小说写作之后，他尝试着变换风格，推出了一部悬疑推理类新作，这让许多读者无法接受。一名愤怒的读者甚至写信给他，言辞非常激烈，指责他根本不该转型。其中很多语句有失偏颇，看得出这位读者对小说艺术的理解并不深。但这位作家并没有恼羞成怒，而是非常认真地写了一封回信。在信中，他只字不提这位读者的不礼貌和认识上的浅薄，只是很诚恳地承认自己并不适合悬疑推理题材的写作。他很感谢读者的意见，希望以后能够经常互相交流看法。

这个故事让我们深刻体味到,"你错了"会为你树立新的敌人,"我错了"却可能帮你赢得新的朋友。可以想象,那名激动的读者看到回信后,一定会为自己的粗鲁无礼,为作家的谦逊大度心生惭愧。在一个胸襟宽广、能够认识自己的错误、敢于向别人承认错误的人面前,任何问题都将迎刃而解,任何矛盾都将烟消云散。

现实往往就是如此,当我们说对方错了时,他的反应常让我们头疼,而当我们承认自己也许错了时,就绝不会有这样的麻烦。这样做,不但会避免争执,而且可以使对方跟你一样的宽宏大度,承认他也可能弄错了。

指出对方错误时,他也许并不明白你是为了贬低他、抬高你自己,还是为了他好。因此,你应该尽量让他明白批评他是你的好意。讲话时态度一定要谦和诚恳,用语不能激烈,否则对方就会以为你在教训他;也不必过于委婉,否则他会认为你惺惺作态。

此外,指正别人还要选择适当的场合和时机。原则上讲,要在对方情绪比较稳定时,指出他的不足之处。人在情绪不正常时,可能什么也听不进去。最好避开第三者,以一对一的方式进行,以免让他当众出丑。在大庭广众下指出别人的错误,除了会为自己多树立一个敌人外,别无益处。

巧用"进门槛"效应：先提小要求再提大要求

有社会心理学家做过一个经典而又有趣的实验，他们派了两个大学生去访问加州郊区的家庭主妇。

实验过程是这样的：首先，其中一个大学生先登门拜访了一组家庭主妇，请求她们帮一个小忙——在一个呼吁安全驾驶的请愿书上签名。这是一个社会公益事件，每年死在车轮底下的人不知道有多少！不就是签个字吗，太容易了。于是绝大部分家庭主妇都很合作地在请愿书上签了名，只有少数人以"我很忙"为借口拒绝了这个要求。在两周之后，另一个大学生再次挨家挨户地去访问那些家庭主妇。不过，这次他除了拜访第一个大学生拜访过的家庭主妇之外，还拜访了另外一组家庭主妇。与上一次的任务不同，这个大学生访问时还背着呼吁安全驾驶的大招牌，请求家庭主妇们在两周内把它竖立在她们各自的院子的草坪上。可是，这是个又大又笨的招牌，与周围的环境很不协调。按照一般的经验，这个有点过分的要求很可能被这些家庭主妇拒绝。毕竟，这个大学生与她们素昧平生，要求她们帮这么大的忙，真的有些难为她们。实验结果是：第二组家庭主妇中，只有17%的人接受了该项要求。但是，第一组家庭主妇中，则有55%的人接受了这项要求，远远超过第二组。

对此，心理学家的解释是，人们都希望给别人留下前后一致的好印象。为了保证这种印象的一致性，人们有时会做一些理智上难以解释的事情。在上面的实验中,答应了第一个请求的家庭主妇表现出了乐于合作的特点。当她们面对第二个更大的请求时,为了保持自己在他人眼中乐于助人的形象,她们只能同意在自家院子里竖一块粗笨难看的招牌。

这个实验告诉我们,一个人一旦接受了他人的一个小要求之后,如果他人在此基础上再提出一个更高一点的要求,那么这个人就倾向于接受更高的要求。这样逐步提高要求,就可以有效地达到预期的目的。心理学家把这种对别人提出一个大要求之前,先提出一个别人很容易接受的小要求,从而使别人对进一步的较大的要求更容易接受的现象称为"进门槛效应"。

为什么会发生"进门槛效应"呢?当你对别人提出一个貌似"微不足道"的要求时,对方往往很难拒绝,否则似乎显得"不近人情"。而一旦接受了这个要求,就仿佛跨进了一道心理上的门槛,很难有抽身后退的可能。因此当再次向他们提出一个更高要求时,这个要求就和前一个要求有了顺承关系,让这些人容易顺理成章地接受。在这种情况下,比一上来就提出比较高的要求,更容易被人接受。

日常生活中有许多利用"进门槛效应"的例子。比如一个推销员,当他可以敲开门,跟顾客进行交谈时,其实他已经取得了一个小小的成功。在这种情况下,如果他能够说服顾客买一件小东西的话,那么他再提出进一步的要求,就很可能被满足。为什么呢?因为那位顾客之前答应了一个要求,为了前后保持一致,他的确会有较大可能性接受进一步的要求。男士在追求自己心仪的女孩时，也并不是"一步到位"提出要与对方共度一生的，而是逐渐通过看电影、吃饭、游玩等小要求来逐步达到目的的。

配合对方的精神状态，沟通效率倍增

要想建立与对方的亲善关系，配合对方的精神状态也是很重要的。要做到这一点，你必须能够注意到那个人的情绪状态和精力值。

在我们周围，有这样一类人，他们在午饭之前情绪都会有点低。他们早上到办公室和同事打过招呼后，就会一直坐在椅子上，浑身散发着"不要打扰我"的气息。直到午饭时间，他们才会真正地睁开眼睛，情绪也才会好转。这并不是表示他们的工作状态不太好，而是说他们需要更长的时间才会展开社交活动。一般人的情绪都会处于不断的变化之中，但这类人就像慵懒的猫一样，情绪只会处于一种慵懒状态，而且很少会表现出快节奏的肢体语言。

也许你正精力充沛、兴致勃勃，但是你的工作计划需要得到一个昏昏欲睡、性格内向的同事的支持与合作。这时候，你最好稍稍放慢脚步，不能一开始就试着让你们两个人都充满热情。如果你大叫一声，重重地拍一下同事的后背，把他吓得够呛，而且害得他把咖啡都洒了出来，那么你肯定会在要求与他合作时遭到拒绝。相反,如果你是那种行动迟缓、处处谨小慎微的人,而你恰好又需要与那些精力充沛、行动果断的人合作,那么你就必须想办法点燃自己的激情,否则很可能激怒你的合作者。

有生理学家指出,每 90 ~ 120 分钟,我们的身体会经历一个从精力充沛到精力衰竭的周期。在精力衰竭的时期,我们会觉得注意力分散、坐立不安、打瞌睡和感到饥饿。这个时候,我们的身体会需要一段时间来恢复。如果你恰恰在对方进入精力衰竭时,和对方说话或者求对方办事,那么你碰壁的可能性会大大提高。

你要记住,有时候你被对方拒绝,并不是因为你的创意不够好,而是因为你的情绪状态和精力值与对方不匹配。所以,如果知道对方在午饭过后更容易接受意见时,就要把会谈约在午饭后,尽量调整自己,使自己配合对方的感受,这样沟通的效率也会大大提高。

图书在版编目(CIP)数据

逻辑说服力 / 穆青著. -- 北京：中国华侨出版社，2020.1（2020.8 重印）
ISBN 978-7-5113-7934-4

Ⅰ.①逻… Ⅱ.①穆… Ⅲ.①说服—语言艺术—通俗读物 Ⅳ.① H019-49

中国版本图书馆 CIP 数据核字（2019）第 283322 号

逻辑说服力

著　　者 / 穆　青
责任编辑 / 刘雪涛
封面设计 / 冬　凡
文字编辑 / 史　翔
美术编辑 / 盛小云
经　　销 / 新华书店
开　　本 / 880mm×1230mm　1/32　印张：6　字数：132 千字
印　　刷 / 三河市兴达印务有限公司
版　　次 / 2020 年 6 月第 1 版　2020 年 11 月第 3 次印刷
书　　号 / ISBN 978-7-5113-7934-4
定　　价 / 35.00 元

中国华侨出版社　北京市朝阳区西坝河东里 77 号楼底商 5 号　邮编：100028
法律顾问：陈鹰律师事务所
发行部：（010）88893001　　传　真：（010）62707370

如果发现印装质量问题，影响阅读，请与印刷厂联系调换。